# はじめに

## ムカイダイス先生連続講演について

たちは、二〇一九年に大阪で行われた習近平の来日抗議デモに参加するために、東京から
に向かう途中で偶然同じ車になった七人の講座企画者です。その後、私たちは様々な講演会
に参加し、自然に一つのチームとなり、「Izchilar（イズチラー）※」という名前を付けま
最初は先輩たちの講演会の手伝いや翻訳など、裏方の仕事に徹して支えて参りました。

※「Izchilar（イズチラー）」という名前は、ウイグル語で、先祖たちが自由のために戦ってきたその道を引き続き歩む後代を指し、その意味は「自由のための戦士たち」と解釈されます。

二〇二一年からはＮＥＤ（全米民主主義基金）のプロジェクトの一環としてオンラインセミナーを主催するようになりました。これまでに数十回の講演会を主催し、さまざまなトラブルに対応し、新しいことに挑戦して参りました。七人のメンバーは出身地が異なりますが、日本という素晴らしい国で最先端の知識や技術を学び、東トルキスタンに帰国して自国の発展に寄与するという夢を共有していました。しかし、二〇一六年から始まったウイグルジェノサイド（大量虐殺）により、この夢は破れました。その後、自国のために何とかしたいという志が私たちを日本ウイ

グル協会の周りに集め、先輩たちと協力してウイグルジェノサイドを阻止するために行動することになりました。

東トルキスタンが一九四九年中国共産党に侵略されて以来、ウイグル人への差別的、抑圧的政策は一日たりとも止まったことがありません。さらに、二〇一六年に元中国共産党チベット自治区の書記であり、チベット人に対する弾圧で知られた陳全国がいわゆる〝新疆ウイグル自治区〟の書記に就任してから、独裁的な長期政権を築いた習近平中国共産党総書記の支援を受け、東トルキスタンの歴史の中で最も酷く露骨な人権弾圧、同化・民族浄化政策を展開し始めました。習近平政権が推進する現代版シルクロード経済圏構想「一帯一路」の戦略的要衝と見なされる東トルキスタンでは、完全な監視により封じ込めた社会を作り上げ、ウイグル人の言語、文化、宗教を完全に絶滅させるような民族浄化政策を実施しています。

日本ウイグル協会は、二〇〇八年六月に在日ウイグル人によって設立された団体で、中国共産党政権に占領され、植民地支配が続いている東トルキスタン（ウイグル）とウイグル人の歴史、文化、そして現在進行中のウイグルジェノサイドの実態について情報発信し、ウイグル問題への理解を広めるために活動しています。

日本ウイグル協会は、ウイグル人が受けているジェノサイドの実態を研究者、専門家によって学術レベルに引き上げるために、日米の専門家とともに、二〇二〇年十月から全世界の学術関係者を対象とした署名活動を開始しました。現在までに、日本を含む各国の五百名以上の学術関係者に賛同の署名をいただいています。活動内容については、以下のウェブサイトをご覧ください（https://scholars-against-uyghur-genocide.org）。

この活動の第二段階として、署名していただいた学者の方々や参加を希望される方々を対象に、世界各国のウイグルジェノサイドに詳しい専門家を招き、「ウイグルジェノサイドの実態」というテーマで、十二回のオンラインフォーラムを開催しました。

今年度は第三段階として、在日ウイグル人の学者であるムカイダイス先生を講師に招き、ウイグルの生活と文化から、現在進行中のウイグルジェノサイドとその担い手まで、六回にわたり毎月一回の連続講演を開催しました。この講演会では、開会のご挨拶、講師の講演、証言、質疑応答、次回のお知らせなどが順次行われました。

講演では、まずウイグルの生活や文化、中国共産党による植民地化に関する情報が提供され、参加者はこれらの問題をより深く理解することができました。同時に、ウイグルにおける統治機構や現在進行中のジェノサイドに関する情報は、参加者の意識を高め、ウイグル大量虐殺に対する理解を深めるために重要な役割を果たしました。また、国際社会へのアピールとして、ジェノサイドや人権侵害に対する国際社会の関与を求めるテーマに焦点を当てることで、多くの命を救うために行動する契機になりました。

最終回で取り上げられた「日本と世界はどのようにしてウイグルジェノサイド及びウイグル

強制労働と結びついてしまったのか」により、日本社会が直接的または間接的に関与している可能性が示唆され、ウイグルジェノサイドや人権侵害に対する情報が一般の人々に伝わることで、それが政府や企業に対する後押しとなり、行動を求める動きが期待されます。

連続講演は、日本ウイグル協会の Youtube チャネルや各ソーシャルメディアで配信され、広範な人々に伝わり、国内外での議論や意識の広がりが見られました。シリーズでは毎回、参加者に対して質問や議論の場を提供し、異なる視点からの意見を交換することで、理解が一層深まりました。

本書にまとめられたこの度の講座で提供された洞察に心から感謝いたします。ウイグルの豊かな文化や歴史、そして現在の複雑な情勢を理解し、ウイグルジェノサイドや強制労働など、日本や世界が直面している重要な課題について深く考える機会を得られます。

日本ウイグル協会は、現在のウイグル人の悲惨な状況や在日ウイグル人に関する客観的かつ正確な情報を提供し、日本の方々に理解を深める使命を担っています。協会は、様々な活動を更に広げるために各人権団体や関係者との連携を重視し、国際的な理解と協力が不可欠であるとの認識から、日本の皆様に協力を呼びかけています。また、問題は深刻で早急な対処が必要であり、我々はこれを隣国の問題だけでなく、人類全体の問題として共に協力し、解決を目指すべきだと考えています。

講演会の主催者・日本ウイグル協会のアフメット・レテプ会長は、挨拶の中で次のように述べられました。

「沈黙する事は、ある意味『どうぞ習近平さん頑張って、どんどんやって下さい』という誤ったメッセージに等しいのです。これは政治家も企業も一般市民も同じです。

この沈黙の破り方が一人一人違いますね。

例えばまず自分が情報を得て、周りに拡散し、より多くの人の関心を集めていくのも一つのやり方ですし、日本ウイグル協会のような所を様々な形で支援する、これも一つの沈黙の破り方だと思います。

或いは会員になったり、たまに少額でもいいので寄付をする。それは額の大小ではなく、これだけ多くの人たちが見てるんだという事で、私たちはまだ見捨てられてないんだ、まだ一人じゃないんだと、パワーを貰ってもっと頑張れるという事にも繋がれますので、どれだけの人がこの問題に関心を持ち、ウイグル協会の人たちがしっかりやってるかどうかを見ているのかという事も非常に重要で、そういった形もあります。

企業を起こしている方であれば、中国とのビジネスのあり方を徹底的に見直す、考え直す。自分のビジネスさえうまくいけば、相手がどんなひどい犯罪に手を染めても構わないというようなビジネス理念を改める。こういった事が沈黙の破り方だと思っています。

投票する時は、地方議会でも国会議員を選ぶ時でも、電話一本、メール一つでいいので、候補者にウイグル問題をどう認識しているのか、どう向き合うつもりなのか、一言耳に入れるのと入れないのでは違ってくると思います。

まだまだ知らない人は知らない現状なので、色んな機会をうまく活用して、この問題に対する自分なりの沈黙を破る、沈黙の破り方を自分なりに実行していくという事が、やはり問題の解決に繋がると思っています」

どうかこれからも私たちの活動への応援と、ウイグルジェノサイドを終わらせるために、一人一人にできる形での「沈黙を破る」という事をして頂ければと思います。

令和五年十二月九日　ウイグルジェノサイドデー

ウイグル人権プロジェクト、ウイグル系アメリカ人協会、世界ウイグル会議は、二〇二一年、イギリス「ウイグル特別法廷」で、ジェノサイドと人道に対する罪に当たるとの歴史的な判決が下された十二月九日を、ウイグル虐殺認定の日「ウイグルジェノサイドデー」と定めています。

# あなたは東トルキスタンを知っていますか？

## 日本はウイグルジェノサイドにどう向き合うべきか

目次



＊表紙写真
東トルキスタン北部
サイラム湖畔の風景

# 1 ウイグルの生活と文化

「ウイグルの生活と文化」という大きなテーマをどのように伝えればよいかと考えた時に、まずウイグルはどういう所なのかを概観します。

そして、私達ウイグル人はどのような言葉を使っているのか。衣・食・住について。信仰は一言でイスラームといっても、九二一年まで大体私達は仏教徒だったので、その仏教文化と後のイスラームをウイグルの風土に合ったやさしい知恵そのものとして応用しながら生きてきたのですが、どのようにイスラームの信仰を自分達に合ったものにしたのか。

年中行事、人生儀礼、伝統医学、音楽と舞踊、最後に文学、現代詩を通してウイグル文学は何を訴えてきたのか、それを中国はどうして目の敵にするのか、政治と宗教が私達の文学の中で、どのように処理されたのかについてお話します。

## ウイグル概観

地図〔10頁①②〕で見て頂きたいのは、周りの国々です。ロシア、モンゴル、カザフスタン、キルギス、パキスタン、南にチベットがあり、この地域は国境線が大変長く、色々な国が周りにある。

そして、ここは中国と様々な国の出入り口でもあり、中国にとって地政学的に自分を守るうえで非常に重要であることが分かって頂けると思います。

また、私達は二十億人いるイスラーム世界の一部です。ウイグルを含む中央アジアは、イスラーム、トルコ世界の一部です。

これらの地図を見た上で、ウイグルは行政的に中国共産党政権の一自治区になっているものの、実はイスラーム世界の二十億のムスリムの一部で、また中華民族・漢民族と全く関係のないテュルク系諸民族の一つであるウイグル人であることが分かって頂けると思います。

日本で「ウイグル」というとき、通常、これを地名に用いたりもするようです。しかし、ウイグルという地名はありません。ウイグルは私達の民族・人種の呼称であり、「ウイグルラル（ウイグル人）」と言います。その地域は、日本でシルクロードとして知られ、「東トルキスタン」「西域《さいいき》」「新疆《しんきょう》ウイグル自治区」などと呼ばれています。

「東トルキスタン」は、トルコ人が住む地域の東という意味です。これは地理的な呼称にすぎないのですが、この名がどうして中国において大変敏感な意味を持つかといえば、私達がこれまでに二回、侵略者を追い出して建国したことに成功した国の名が、一九三三年「東トルキスタン・イスラーム共和国」と、一九四四年「東トルキスタン共和国」だからです。東トルキスタンという地名であると共に、そこに住んでいる全てのトルコ系民族を尊敬した意味合いが「東トルキスタン」という国名に込められているからこそ、中国は、「東トルキスタン」は存在しないと言い張っているのです。

①東トルキスタン（新疆ウイグル自治区）

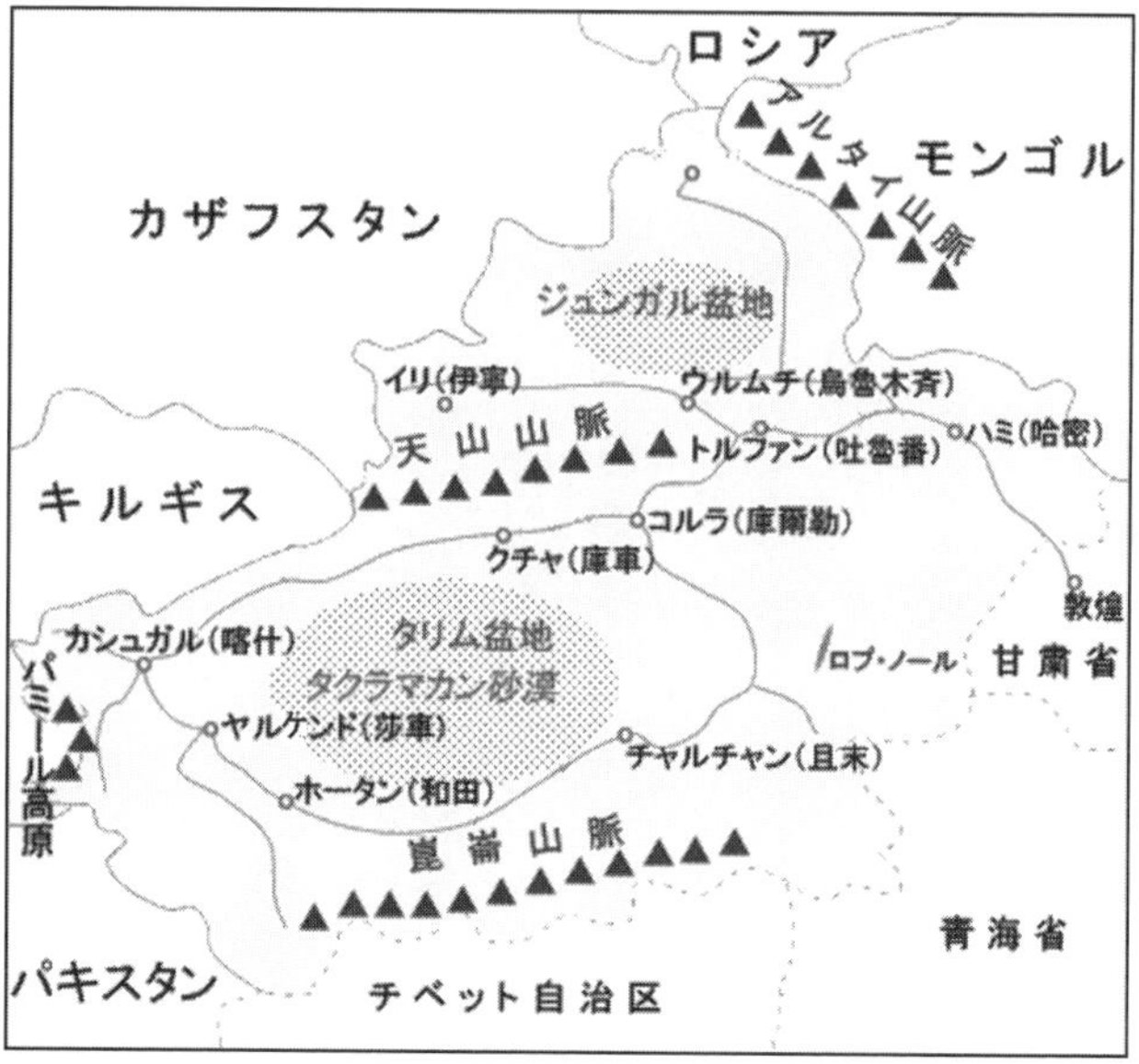


③タクラマカン砂漠

②中国全土

④崑崙山脈

古《いにしえ》からウイグルをはじめトルコ系民族の母なる大地として、私達の祖先が生まれて育ってここで暮らしてきて、また自分達の、独立し繁栄した国々もあったのですが、一七五七年に初めて北部のジュンガルが、一七五九年に南のカシュガル地方が清朝《しんちょう》に制圧されてしまいます。そして一七六〇年、両者を合体して「新しい領土」すなわち「新疆」と呼ばれるようになり、一八八四年に初めて「新疆」地方という行政上の区域名が付与されることになります。ここで重要なのは、その後、清朝の滅亡によって中華民国に、そして中華人民共和国になるのですが、清朝と中華は全く異なる国だということです。私達は清朝を追い出すために、何度も立ち上がっています。清朝から中華へ東トルキスタンの土地を受け継いで良いといったことは一切ありません。

こうして一九五五年ウイグルは中華人民共和国の一自治区になります。国境線が大変長い、地下資源が多い、面積が大きく日本の四・五倍、中国全土の六分の一を占める大きな土地です。

地理的には、天山《てんざん》山脈を境に、北部にジュンカル盆地、内部にタリム盆地があります。北部には草原があり、南部に崑崙《こんろん》山脈などがあるので、水が少ないといわれていますが、雪解《ゆきど》け水が大変豊富で四千万人を永久に養うことができる水源があると推定されています。

真ん中に広がるタクラマカン砂漠は「死の砂の海」といわれ、ここに入ると戻って来られないと恐れられていますが、最近は観光客も出入りできるようになっています。〔10頁③〕は、そのタクラマカン砂漠です。砂漠からオアシスに近づくにつれ、少しずつポプラの木が見えてきて、次第に木々が茂り、川が流れる、というふうに景色が変わっていきます。ラクダがいる〔10頁④〕のは、崑崙山脈の麓《ふもと》です。

真ん中に位置するコルラ市という町を境に、ウイグルは北と南の二つの文化圏に分かれます。北はどちらかというと西洋ロシアと近く、その文化が色濃く漂う街です。南は昔からのウイグル文化そのもの、トルコ、インド、イスラーム文化が濃いように思います。このような二つの文化が刺激しあって、相互に高め合い、競争しながら地域と生活の文化を豊かにしてきたと感じています。特に文学の上における、北と南のダイアログ（問答・対話）は大変面白いものです。

それぞれ文化が違うので、個性的な町が多いです。例えばカシュガルは「尊いカシュガル」といいます。「殉教者のホータン」「スーフィーのクムル」「騎士のアクス」。「貴公子《きこうし》のクチャ」は日本でも有名な仏教伝来の町です。ヤルケンドは昔から知識に重点を置いた町で、また職人魂が感じられ、「師匠《ししょう》のヤルケンド」と呼ばれていて、私もこれらの言葉に大いに納得するところです。

ウイグルの有名な物で、日本であまり知られていないのがウイグルの絨毯《じゅうたん》です。イランの絨毯はペルシャ絨毯として名高く、日本で値段も高いのですが、その絨毯に負けない美しさ、クオリティーです。ウイグルの絨毯は主にホータンで手織り生産されています。ウイグルに行かれる方には是非、ホータンやカシュガルの絨毯を見て来て頂きたいです。〔13頁⑤〕は柘榴《ざくろ》の花の絨毯で、ウイグル人の家によくある誰もが大好きな柄の一つです。

もう一つはシルクで、アトラスシルクと呼ばれています。〔13頁⑥〕はカシュガルの方々で、アトラスシルクの柄は日本の絣《かすり》模様とよく似ており、関西にある奈良大学の先生が研究していると聞きました。カシュガルは昔からカラハン王朝の中心で、カシュガル出身の女優達も美しいです。〔13頁⑦〕は「師匠のヤルケンド」の音楽の師匠であるアマンニサハン王妃の肖像画で、彼女が伝

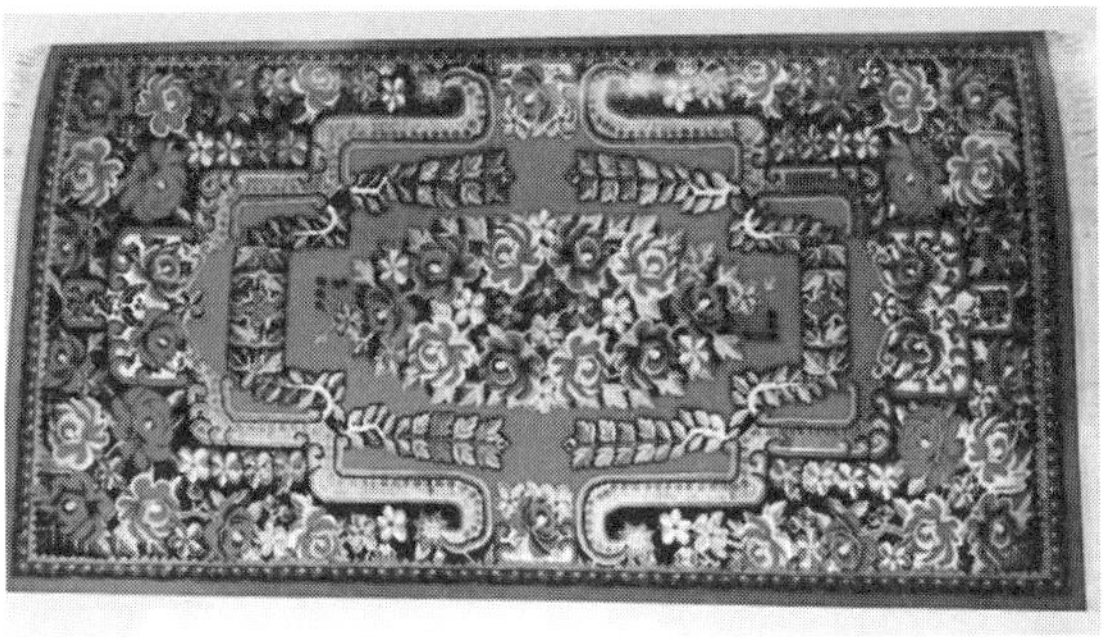

⑤ウイグルの絨毯

⑦アマンニサハン王妃

⑥アトラスシルクの服を着た女性

⑧ウイグル刀

⑨ウルムチ市街

⑩トルファンの風景

えた十二ムカームの話を後ほどします。ヤルケンドではもう一つ、ウイグル刀〔13頁⑧〕が有名です。私は日本の刀も沢山見ましたが、ウイグルの刀は、刃《は》の鋭さと、鞘《さや》から柄《つか》まで全体に施される装飾と合わせて一つの刀になります。日本の刀文化とまた違うので、ウイグルの刀も見てください。

〔13頁⑨〕は私が生まれ育った町ウルムチです。私が日本に来た頃、殆どの人はウルムチを知らず、知り合いから「ラクダに乗って学校に行くのか」と聞かれとてもびっくりしましたが、ウルムチは中央アジアの中心地で大都会です。

トルファンの風景〔13頁⑩〕です。朝夜の温度差が大きいので、果物は種類が豊富で大変甘いです。特にメロン、無花果《いちじく》など、本当に美味しいです。

生業としては、中国共産党による強制労働で問題になっている綿、小麦、トマトなどが沢山穫れます。天然資源としては、石油、天然ガス、石炭、レアアースなどがあり、ウランとレアアースなどの鉱物資源だけでもその総額は六兆元（1元＝14円）になるといわれています。

## ウイグル語

ウイグル語は、アルタイ語系統のテュルク諸語族東部方言チャガタイ語に属する言語です。古代ウイグル語と差異が大きいために、「現代ウイグル語」と区別されているのですが、その具体例を学者達に示して頂きたいと思っています。最も近いのはウズベク語です。私達は一千万人或いはもっといるかもしれませんが、トルコをはじめ世界中のウイグル人が今使っています。

文字については、古代ウイグル文字を、今モンゴルの方々が使っています。今私達が使っているのは、アラビア文字を改略したウイグルアラビア文字で、三十二字があり、その書き方は一二六種類あります。

他にウイグルラテン文字もあります。両方使う人もいます。このウイグルラテン文字により、アラビア文字を使わないトルコの人々と手紙のやりとりができています。

簡単な挨拶で、まず「アッサラームアレイクン Assalamu Eleykum（あなたに神の平和と保護がありますように）」はアラビア語です。これはウイグル人をはじめ、トルコ、イスラーム、アラブ世界の二十億人が使っています。「ヤフシムスィズ Yaxshimusiz（お元気ですか）」「ラフメット rehmet（ありがとう）」、このように挨拶をします。

このような文字も、一九四九年から中国の植民地に入っているために、文革の影響も受けました。また中国がソ連と仲良かったときに〝キリル文字に移ろう〟運動があり、それから中国は漢字を捨てて〝みんなで仲良くピンイン〟をやることになって、私達もそれまでの文字を捨てて拼音《ピンイン》（中国語の発音表記のローマ字）を使うことになりました。その後、漢語とウイグル語のバイリンガル教育が始まったのですが、今はバイリンガル教育どころか全ての教育機関でウイグル語が禁止されています。二〇一七年以降、中国では大手の出版社からウイグル語の本が全く出ていません。

## ウイグルの衣・食・住

衣服については、〈イスラーム以前の服〉〈男女・年齢・階級・職業別の衣服の差異〉〈年中行事と人生儀礼〉〈ハレの日、ケの日の装い〉〈ウイグル人の衣服の素材と色彩〉〈装飾と刺繍《ししゅう》〉といった内容です。写真で見ていきましょう。

最初の頃の、トルファンの洞窟《どうくつ》の壁画にみられるイスラーム以前の服です〔17頁⑪〕。イスラーム以前はこのような髪型と服になっています。紀元前一九世紀・約三八〇〇年前と推定される桜蘭《ろうらん》の美女（ミイラ）の服は、大変上質な麻でできているとされています。

私達がよく被《かぶ》っている帽子は、ウイグル人の代表的なドッパ〔17頁⑬〕です。〔17頁⑭〕は、ある博物館のものですが解読はされていません。ただここに描かれている頭の帽子は、今とそれほど変わらないようなので、この写真が解読されれば、私達が帽子をいつ頃から被っていたかが分かるのではないかと思います。帽子は沢山種類があり、よく綺麗《きれい》な花が刺繍されています。

イスラーム以後は、お姫様みたいな長い服を着るようになります。

近代の洋服で女性と男性です〔17頁⑮〕。現在の服はこのようになっています。イスラーム的要素はあるものの、ウイグルは一般的に大体このような恰好《かっこう》をします。刺繍と花のモチーフが沢山使われ、色もカラフルで綺麗な服が多いと思います。

食については、ムスリムですから勿論ハラール食を食べますが、お酒を飲む人も一部います。それは何故かというと、昔から葡萄《ぶどう》が栽培されていて、イスラーム以前からムサッラスという発酵されたワインに似たものがあったからです。冗談で「イスラームが入る前に私達はワインを飲んでい

⑪トルファン遺跡の洞窟の壁画

⑫イスラーム以前の装い

⑬ウイグルの帽子、ドッパ

⑭ドッパの原型?

⑮近代の装い

た。ただそれを飲んで人に迷惑をかけることをアッラーは喜ばない」と解釈して飲む人もいます。「ナン」というパン〔19頁⑯下〕です。日本に留学したフランス人の私の同級生で、博士課程まで一緒に勉強し、今はフランスの大学で教授をされていますが、彼が「ウイグルのナンは、世界一美味しいパンだね」と言いました。皆様にもいつの日か、ウイグルのナンを食べて頂きたいです。

農民の朝ごはん〔19頁⑯〕です。ナンは塩窯で焼きます。

〔19頁⑰〕は、私達みんな大好きなラグメン（トマトベース味でコシの強い麺料理）です。

建築について「ここは本当に中国なのか」という建築様式〔19頁⑱⑲〕で、こちらに来られた漢民族の方々も随分驚かれます。

民家の造りも北と南で違いがあり、〔19頁⑳〕はカシュガル方面の家で、外から見るとあまり家の中が分からない、非常に神秘的で美しい造りです。中に入ると広々としていて、葡萄棚があって、その下でお茶を飲んだりします。家の中には絨毯を敷いて、非常に綺麗でゆったりとした家の中で暮らすのが好きです。

## 年中行事

宗教は、私達はスンニー派のイスラームを信仰しています。年中行事は〈季節に因んだ行事〉〈宗教に因んだ行事〉〈親睦と教育のための行事〉などがあります。

⑯農民の朝ごはん

⑰ラグメン

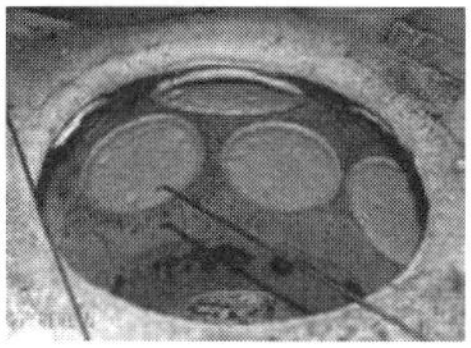

ウイグルのパン「ナン」

⑲ウルムチ市街

⑱ウルムチ市街

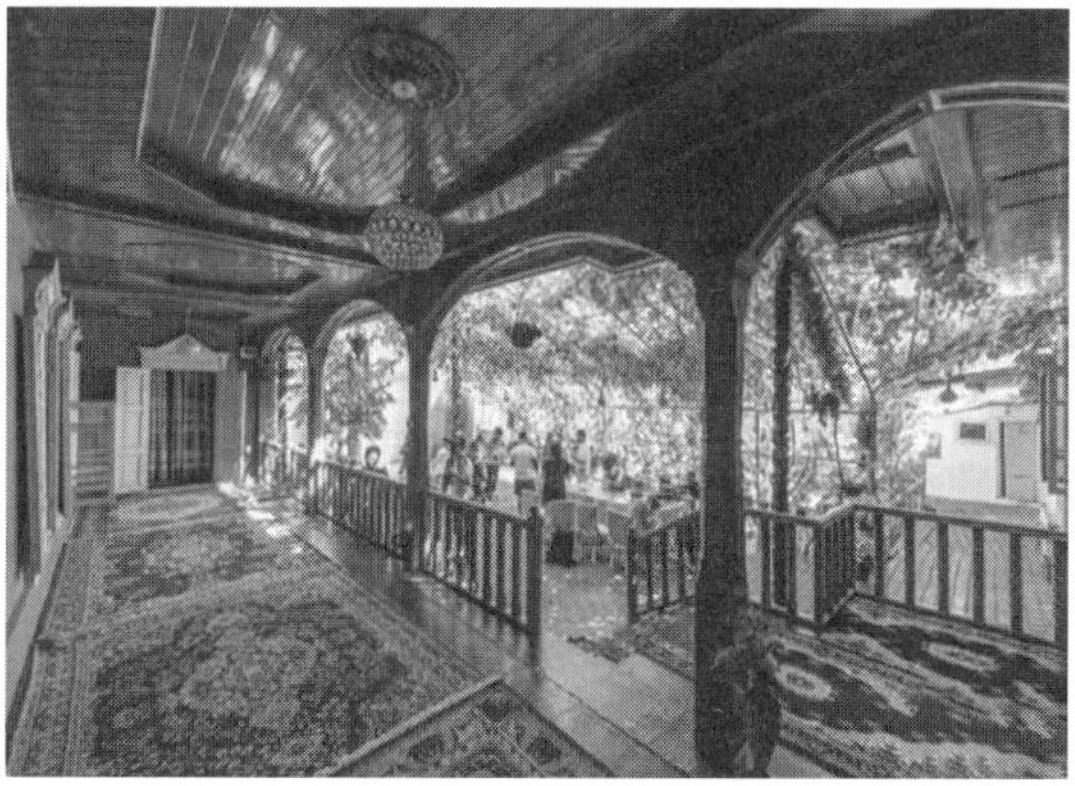

⑳カシュガル方面の家

ノルズ節（春分の日を元日として祝う）、種まきの行事、「青芽《あおめ》」の行事、初雪遊びは、全て季節に因んだ行事です。「青芽」の行事（21頁㉑㉒）は、ウイグルの冬は大変寒いので、冬の始めに麦をお盆にのせて、その中で、青芽を育てて春まで持たせます。

宗教的なものには、ラマザン（断食月）、ロズ・イード（犠牲祭）などがあります。そしてまた、世界的な文化遺産になったメシュレップという教育の目的と踊りが一緒になったものがあります。トプック、コシュマックアダシ遊び、カタルチャイ遊びは、全てウイグルの社会そのものを映し出しています。トプックは姑と嫁がやるもので、負けた方が相手に必要な物かそれ相当の物かお金をあげるのですが、故意に経済的に弱い方に勝たせる仕組みになっていて、みんな仲良くして楽しく、お互いに経済でも少し助けられるような遊びばかりです。このようなウイグル内部の社会学的な知識について、アメリカの人類学者ダレン・バイラー先生が非常によく調査研究されています。

## 人生儀礼

人生儀礼は、まず生まれたら命名式があります。そして七日目に世界的に有名なビュシュユック（揺籠）（21頁㉓）という、赤ちゃんを揺りかごに入れる儀式があります。「ビュシュユック」を日本の方が「ムシュユック」と発音しましたが、ムシュユックは猫ちゃんのことで、正しくはビュシュユックです。清潔で、冬でも子供が風邪をひいたりしないように温かく包まれるようにできています。四十日目にお祝いのビュシュユックトイ（祝宴）があります。

㉑「青芽」の行事

㉒「青芽」を皆んなで植える

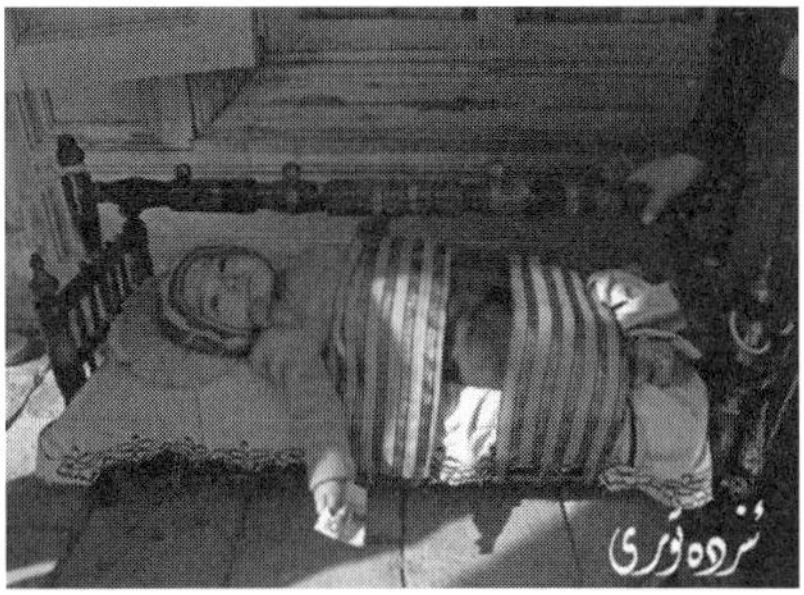

㉓ビュシュック（揺りかご）

㉔髪を 41 本に編み、ドッポを被り、ピアスをつけた少女

㉕結婚式

㉖葬式

日本と違い、女の子は五歳になると、耳にピアスの穴をあけて、高価で品質の良いピアスをつけます。小さな女の子は髪の毛を四十一本に細く編みます。四十一は末広がりを意味し、縁起《えんぎ》が良いとされています。髪を四十一に編まれドッポを被ってアトラスのワンピースを着た姿がとても可愛いです〔21頁㉔〕。ウイグルの女性はみな耳に美しいピアスをつけています。

ムスリムですので、男の子は割礼《かつれい》の儀式があります。そして結婚式〔21頁㉕〕。

子供が生まれたらジュワントイというのがあります。大人の女性になったという意味で、ジュワントイになったとき、髪は四十一本から二本編みになります。地方によっては小さな帽子を被る所もあるそうです。

そして葬式〔21頁㉖〕、お墓に入る。ウイグル人が生まれてから死ぬまでの儀礼はこれ位です。

## 伝統医学

ウイグルの伝統医学は歴史が古く、ウイグルの風土にあったすぐれた医術です。中・日の漢方と類する所もあり、はり（鍼治療）と生薬が用いられています。

皮膚病とアトピー性皮膚炎、そして不妊治療において、世界的に有名です。ホータンのウイグル伝統医学の病院にアメリカから子どものアトピーを治しに訪れる方もいます。婦人の不妊治療には女性のふくらはぎに針を打つ治療が有名です。

ウイグル舞踏家
トルソナイ

レイハングリ

デリナル・アブドラ

## 音楽と舞踊

ウイグルの音楽と舞踊は世界的にも有名です。

日本との一番の違いは何かというと、日本では音楽と舞踊は何故か観客と演者とに分かれて、観客はお金を払って畏《かしこ》まって鑑賞するもののように私は感じます。しかし私達ウイグル人にとって、音楽や舞踊は、本を読む、ご飯を食べるのと同じように、自分の生活や精神の一部です。みんな踊れますし、歌も歌い、詩もちょっとできる、そこが日本との違いではないでしょうか。

伝統舞踊、サーマ舞踊、セネム舞踊、ダップ舞踊、現代舞踊がウイグルの代表的な舞踊です。

有名なウイグルを代表する若手の舞踊家で、彼女が一般のウイグル人の結婚式で踊っている映像〔26頁㉗〕があります。歌っているのは我らが世界に誇るアルキン・アブドッラです。こちらがウイグルの今の現代舞踊です。勿論彼女はプロですから大変上手なのですが、そこにいる参列者のウイグル人の男性も女性も踊れるのではないか……、みんな踊れますね。

上の三人は、ウイグル舞踊を極めた師匠達です。左の方はトルソナイです。ウイグル舞踊の中にピタッと止まる静を取り入れました。真ん中はレイハングリといって最も有名な舞踊家の一人ですが、彼女は舞踊そのものの中に静と動のバランスをとりながら、静の中で動をどのように表現するかを極められました。右はデリナル・アブドラという舞踊家ですが、彼女は自分で演奏し、歌いながら踊りました。ウイグル人と日本人の共通するところは、非常に職人気質で一つにこだわり、極める、そのような民族だと思います。このような師匠達の舞踊も大変美しいので、YouTubeなどで見て頂きたいです。

ウイグルの音楽の体系に「ムカーム」があります。これは二〇〇四年ユネスコの世界無形文化遺産に登録されています。全て演奏すると二十四時間かかるといわれています。

日本語で出ている『ウイグル十二ムカーム』(荻田麗子/訳・解説、集広舎)という本の中に、歌として歌われているウイグルの文学を代表する伝統詩人達の美しい詩が紹介されています。この本は日本で大変好評で、私の周りの方々も大体持っています。

その本に入っていない詩を一つ、翻訳してみました。

ババ・レヒム・メシュレップ　Baba Rehim Meshrep (1641–1711)

逢いにきた
月の如く美しい君の顔を見るためにきた
恋の炎でこの身を焦《こ》がすためにきた
君の美しい髪が　私の頭脳を乱し

その妙薬《みょうやく》を君に問うためにきた
潜水士になり　君の深海に潜《もぐ》り
探し求めた一粒の真珠を取るためにきた
花の如く美しい顔の君よ　何故来たかと問いているのか
君の美しさに魅せられ我を失うためにきたと答えよう
君の美しさを目の当たりにしてから我を失った
痴情《ちじょう》になり　恋で狂うためにきた
酒童よ　酒杯を用意したまえ
愛と哀しみの酒を呑《の》むためにきた
このメシュレップに　慈《いつく》しみの門を開けたまえ
君への愛に　命を捧げるためにきた

※「月のような美しい君」は、女子に対して今でもよく使われる表現である。
作者のババ・レヒム・メシュレップは、ウイグル・中央アジア諸民族古典詩を代表する最も有名なスーフィー（イスラーム神秘主義）詩人の一人。

これはババ・レヒムという有名な伝統詩人の詩ですが、この詩に見られるように、昔からウイグル文学には、命の大切さ、その尊厳、尊さを歌ったものが主流にあります。大地や月の美しさは、その下《もと》で命が養われているから、それを讃えています。ウイグル文学では、政治そのものや、政治上、誰かを讃える・屈服《くっぷく》する、政治を叩く・批判する、といった内容はなかった。これは中国文学と全く異なるところです。

十二ムカームを私達に伝えてくださったヤルカンド王朝のアマンニサハン王妃の映画が作られて、今、YouTubeでも見られます。中国語に訳されたものですが、大変美しい仕上がりになっていますので、機会があったらYouTubeで探して中国語が分かれば見て頂きたいです。ウイグルの美しい女優さんが演じていて、私はこれを見てとても感動しました。

〔26頁㉙〕はロンドンに招かれて演奏するウイグルの新疆ムカームアンサンブル、〔26頁㉚〕はヨーロッパで活動するウイグルのムカームアンサンブルの映像です。

㉗プロの舞踊家が踊る結婚式
Uyghur dance - Chimenzar
https://youtu.be/Ywic-6dT9cM

㉙ロンドンで演奏する新疆ムカームアンサンブル
Uyghur Muqam: Rak muqam 1-dastan merghuli
https://youtu.be/SIMwscsGYOg

㉚ヨーロッパで活動するウイグルのムカームアンサンブル
Ayshemgul Memet Ensemble & Mukaddas Mijit
https://youtu.be/Iuz0Wae_wy4

## ウイグル文学

私自身、詩や文学が大好きで、その中で生きてきたような人間です。

ウイグルの古典文学は四〇〇年～一九〇〇年。そのうちイスラーム以前の古典文学は一〇〇〇年まで、イスラーム以降は一〇〇〇年～一九〇〇年になります。

ウイグル近代文学は一九〇〇年～一九八〇年。

ウイグル現代文学は一九八〇年～二〇一七年。

そして二〇一七年から、多くのウイグル人文学者・知識人達は強制収容所に連れて行かれ、今監獄の中にいます。したがって本は勿論出版社も出してないし、彼らも書けるような状況ではありません。今、ウイグル文学の暗黒期といわれています。

私達のウイグル文学は、四世紀にはすでに記載文字があり、このような美しい四季が書かれています。こちらもウイグル語から翻訳しました。その頃から私達は命を養ってくれている大地を歌ってきているのです。

東丁零《ていれい》部族に属する詩人フグルスル・アルトン Ghughughur Altun（487–567）

トゥラコシキ（トゥラの歌）

チョガイ山の麓を源流とする

トゥラ河は波をうちながら戯《たわむ》れる
天球はまるでゲルのように
果てしない野原を覆う

果てしない空はどこまでも高くて青い
果てしない野原は終わりが見えない
風に吹かれた草花が頭を下げる時には
夥《おびただ》しい馬や羊の群だけが目に映る

古典文学のジャンルでは、『オルホン・エニセイ碑文』『オグズ・ナーメ』『キュル・テキン碑』『トルファン詩歌』『マニ教・仏教道歌』などが、日本でも有名だと聞きます。碑文の文学は、まだ多くのものが解読されていないとはいえ、解読されているものは、その当時の歴史的な社会状況を私達に伝えてくれる大変貴重なものになっています。日本で割と有名なのは、高昌《こうしょう》ウイグル・ハン国のウイグル文学といわれていますが、その中で『オグズ・ナーメ』の日本語訳が出ています。これもYouTubeでも見られます。

現代文学で、アブドゥレヒム・オトゥクル先生は、ウイグルを代表する最も有名な小説家で詩人です。日本でも『英雄たちの涙』(東綾子/訳　まどか出版)が翻訳出版されていて、『足跡』は翻訳され出版が待たれますが、一千万人いるウイグル人の中で、彼の本は五百万部売れたといわれています。彼の本の良さと、それがどれほど愛されていたかは、一千万人の中には子供が多いので一家族に一冊は必ずあるほどだと私は思います。

アブドゥレヒム・オトゥクル先生の詩は、日本ではさほど知られていませんが、ハーバード大学の校長先生が北京を訪れたとき、北京大学でアブドゥレヒム・オトゥクル先生の詩を朗読しま

## 日本語で楽しめるウイグル文学

英雄たちの涙
アブドゥレヒム
・オトゥクル

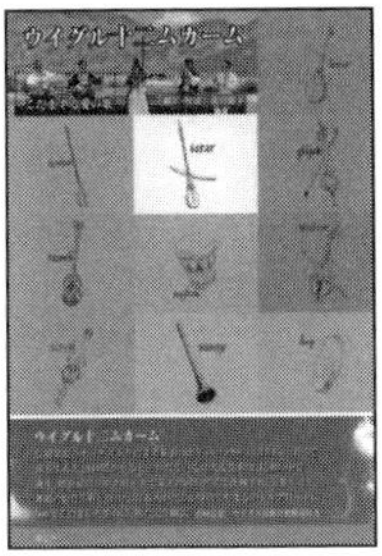

ウイグル12ムカーム
萩田麗子
（訳・解説）

ああ、ウイグルの大地
アフメットジャン
・オスマン

聖なる儀式
タヒル・ハムット・イズギル

ウイグル新鋭詩人選詩集
ムカイダイス
河合 眞（共編訳）

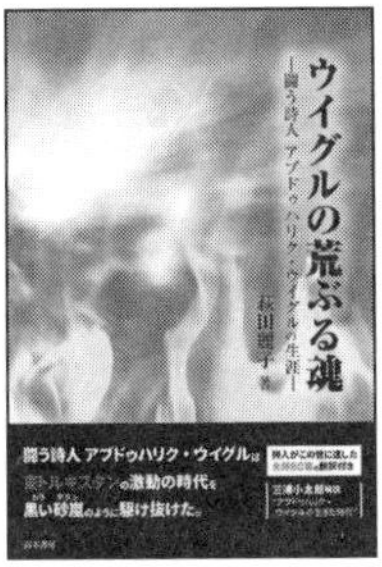

ウイグルの荒ぶる魂
萩田麗子

◎ウイグルの民話 動物譚
ムカイダイス・河合 直美（共編訳）

した。インドのモディ首相は、ウズベキスタン或いは中央アジアを訪問されるときに「トルコ世界で最も私の好きな有名な詩人」と言って、アブドゥレヒム・オトゥクル先生の「Iz（足跡）」という詩を朗読されたりします。

最後に、ウイグル現代詩とその詩人達です。

ウイグルの現代詩は、定型詩、アルーズ格律、バルマク格律、自由韻律、現代詩、このような形態を辿《たど》ります。最も有名な現代詩人の代表は、アフメット・ジャン・オスマン先生、タヒル・ハマット先生、ベルハト・トルソン先生、グリニサ・イミン・ギュルハン先生、アブドレシット・アリ先生等です。この中で、アフメット・ジャン・オスマンとタヒル・アムットはカナダとアメリカに亡命、ベルハト・トルソンは十六年の刑期を言い渡され、グリニサ・イミン・ギュルハンは刑期十七年、アリは行方不明です。

彼らにはどのような「罪」があるかというと、ウイグル現代詩は、ウイグル文学の流れを受け継いだものの代表といえるのですが、八〇年代に文革が終わった時、ウイグル文学がやったことは何か。文革中は共産党と毛沢東を讃えること、それればかり。中国全体がそうで、そうでないと殺されます。八〇年代にそれが終わりました。さて、やせ細った文学畑をどのように回復させるか、復活させるかということが、ウイグル文学者の前に立ちはだかった時、二つのことをしました。一つは私達のウイグル文学は、人間の尊厳と大地の美しさ、愛を歌います。私達は共産党の政治の玩具ではありません。共産党の政治を讃えたりもしないし、また政治を文学で讃える・褒《ほ》めること、貶《けな》すことは、どちらも同じような大変醜《みにく》いことであって、そんなこと文学のやるべきことではない、と一線を引きました。

もう一つ、私達はイスラム教徒なのです。宗教のことをどのように解決したかというと、あの一九八〇年代、ウイグルに大勢の漢民族が入植され、また流れ者、犯罪者の漢族達色々な人々が流入しました。あの頃はまだ、中国は漢民族が主体、新疆ウイグル自治区はウイグル民族が主体という時代でした。その時にどんな人が流れてきても、この土地で人間の尊厳を守って生きられるように、あなたの命も私の命もみんな一つの命として、流れてきた、入植された漢民族の人々の命も人間の尊厳として守ったのです。これがウイグル文学、ウイグルの現代詩です。でも彼ら、人々の生活或いは人種を仲良くさせて、人間の尊厳と大地をうたう文学の担い手の人々が、今ウイグルにいないのです。

これはウイグルが長く続けてきた人間の命・尊厳を歌う魂が、七十年しかない中国共産党の浅はかな歴史と対立しているからです。そして私達のこのような尊い魂が敵視され、その魂を継続させている文化が敵視され、破壊されています。ウイグルの社会・文化・文学が破壊され、ウイグル語が消されて今なすすべはありません。しかしウイグル人は、今後、どうしていくかを考えています。

私達はこの機をチャンスにとらえ、もっと自分達を強く、また文化を守って生きていけるように道を探っています。そのためにも世界の人々の正しい理解が必要なのです。

# Q&A

**Q.** ウイグル人ジェノサイドの問題は、二〇一七年からということですが、それから五～六年経っている現在、どんな状況になっているのでしょうか？

**A.** 人々が連れて行かれるのは、正確には二〇一六年の年末になります。

強制収容所の設備が作られ始めたのは二〇一〇年頃で、二〇一二年にはもう大体出来ていたといわれています。その計画が立てられたのは二〇〇〇年の初めからで、二〇〇五～〇六年頃、計画書は出ていたといわれますが、正確なところはまだ資料がなく分かりません。

今、どのような状況になっているかというと、人々はまた連れて行かれています。また、強制収容所は閉鎖されているといいますがそんなことはありません。肉親が強制収容所にいると証言する人が大勢います。

すでに多くの人々が死んでしまい、強制収容所に連れていかれた殆どの人々が、中国共産党から見た所謂《いわゆる》「罪」が確定して、兵団建設の刑務所が拡大・増設されて、その中で、渡された刑期を強制労働により過ごしています。このような状況です。

Q. ここ一〜二年、各国でウイグル人権侵害に対する対中非難決議があがり、日本の国会でも議論されましたが、そうした決議案は何か影響を与えたのでしょうか？

A. 中国共産党に影響は与えていないです。ただ、民主主義の力が発揮されて、国連が「国際犯罪、特に人道に対する罪に当たる可能性がある」として「中国新疆ウイグル自治区で起きている人権侵害を深刻に懸念」する声明や、世界の国々が中国に対する非難決議を出したことは、大変意味が大きいと私達は受け止めています。今後とも、現実・真実に向き合った非難決議やジェノサイド認定を出し続けないと、民主主義そのものが問われると思っています。

Q. 東トルキスタンの近隣諸国のムスリムの人達からの支援はあるのでしょうか？

A. 今の東トルキスタンのジェノサイド問題・ウイグル問題に対して、イスラーム世界からどうして応援がないのか、ということをよく聞かれます。これには二つの原因があります。

一つは日本では、ほとんど報道されていない現状があると思います。イスラーム世界二〇億人の政府と民は、ウイグル問題をどうみているのか。これを理解するために、イスラーム世界の人々の、民を紹介する必要があります。イスラーム世界の人々、例えばトルコの人々は、この問題を知っていれば、大変憤《いきどお》りを感じて怒っています。トルコで年に何回も民間レベルで十万人、百万人のデモが起きています。私はたまに自分のＳＮＳにそれを出しますが、日本のマスメディア、新聞社は全く報道しません。

ただ二〇億人の中で百万人が立ち上がったとしても、まだ少ないのです。他の人々は大体知りません。何故かというと、私達は一千万人しかいないし、また、個人のSNS、個人の宣伝、個人のツールしか持っていません。しかし中国は、この問題が始まる前からプロパガンダを行っています。アラビア語やウルドゥ語を話せる美女達が、イスラーム世界に向かって、中国がイスラームをどんなに大切にしているかを、何十年もアピールしています。

それから「一帯一路」で中国からお金を借りている政府の問題があります。そうした政府は殆ど何もしていません。

もう一つ、イスラーム世界が黙っている大きな原因が、中国がパレスチナとイスラエルの問題で、パレスチナをずっと応援していることです。パレスチナ問題はイスラーム世界の一つのネックになっています。中国がパレスチナを応援していることで、本当に中国の言う通り、これはアメリカのでっち上げかな、と思っているトルコ或いは世界のイスラーム諸国の人も多いのです。しかしこれは長く続かないと思っています。

私達も頑張っていますし、トルコ世界、私達に理解がある人々も頑張っています。二〇億人が立ち上がった時にその結果どうなるかを考えて、中国はジェノサイドを早く止めるべきなのです。

**Q.** ウイグルの文化について、今まで以上に親近感が湧きましたし、この地球上の一つの地域、地方に花開いた文化として、今後も保存継承されることを心から祈っています。

ウイグルの文化を保存しようとしている海外ウイグル人のグループや機関などはありますか？

A. はい、日本にあります。他にもトルコや色んな所にあると思います。

私が所属している世界ウイグル作家連盟では、ウイグルの文学、ウイグルの詩を守っています。トルコには、本など出版して今までの本を保存している私達の大変優秀なタクラマカン出版社があります。全く政治と関係ないところで、文学或いは言語、本、音楽ではオーストラリアにムカームアンサンブルがありますし、フランスで私達の人生そのものを映画化している若手の映画監督達がいます。組織に限らず大勢の人々が、できることをウイグル人みんなやっています。

政治を讃えるようなことはしなかった、でもその代わり貶すことも攻撃することもしなかった、その私達を学ぶのではなく、中国共産党は自分の手下に、共産党のただの武器に、共産党しか信じない、共産党こそが神と言わせるために、私達を私達が全く考えもせず想像もできなかったテロと結びつけたのです。これは本当にウイグル人みんなびっくりしています。私達がテロリストだなんてありえない、みたいな感じです。

一番悲劇的なことは、世界がこれを信じたことです。

古から今まで私達の文化の中に、攻撃的或いは軽蔑《けいべつ》的なものはありません。古からの、命はみんな一緒で、大地は大切で核実験をやるべき所ではない、このような訴えを共産党は受け入れず、共産党に忠誠を誓わせるためにジェノサイドを起こしていることを、理解して頂きたいのです。

# 2 東トルキスタンが何故、中華人民共和国の植民地になったのか

東トルキスタン共和国は、少なくとも一九四九年八月二十二日まで存在し、毛沢東とは一独立国として交渉しています。しかし九月になると消滅に向かい、中華人民共和国の支配下に入ります。その僅《わず》か一か月の間に何があったのでしょうか。

二十世紀最大の闇で最大の陰謀《いんぼう》と言われながら、日本ではそれほど知られていないのが東トルキスタン共和国のリーダー・軍のトップ達の「飛行機事故」です。一九四九年八月二十二日、彼らは東トルキスタンの北の町イリから車に乗り、カザフスタンのアルマトイへ極秘《ごくひ》で向かったとされています。そして八月二十七日、北京に向かう途中でソ連の飛行機に乗り、その飛行機がイルクーツクで落ちて全員死んだとして消されました。

二〇〇五年、ソ連～現在のロシア領で墜落《ついらく》した飛行機の情報が全て公開されました。しかしその中に、イルクーツクで一九四九年八月二十七日に落ちたソ連の飛行機の記録はありません。彼らはどこに消えたのでしょうか。

リーダーらが消えた東トルキスタン共和国で、ブルハン・シェヒディという国民党の残党のタタール人が、誰にも知られる事なく国民党のトップと手を組み、毛沢東に電報を打っています。彼がどのような人物なのかお話しします。

この七十年間、ウイグル人と中国共産党・漢民族との間には大きな溝があり、その溝は現在進行しつつあるウイグルジェノサイドによって更に広がっています。この根本にあるのが歴史認識です。「東トルキスタン独立運動」という言葉があります。これを中国は「国家分裂」「テロ」と言うのですが、しかし一千万人のウイグル人や東トルキスタンに古から住んでいた人々は、中国共産党に侵略されたのであり、侵略者に出て行ってほしいと訴えているのです。「独立」といった時、これをいわゆる「独立運動」というべきか、東トルキスタンの「不法に占領され侵略された主権と国土を取り戻すための運動」なのか、少し分かりにくいのです。ウイグル人の歴史認識はここで中国と対立します。この認識の違いを生んだのは何なのか、最後にまとめていきます。

このような話をすると、中国の経済的な利益に浴していたり、中国や中国文化が好きな多くの方々から「反中」と言われます。「反中」とは、中国或いは中国人が嫌いという事でしょうか。ならばもっと正確な答えをウイグル人側から提供したいと思います。

この七十年間、文化大革命（以下、文革）で捨てられた漢民族の子供達をウイグル人が育て、二千万人の漢民族を域内に入れ、中国という国が強大になるために、四十七回の核実験を東トルキスタンの土地でやって、友好のために、石油や天然ガスを供与するなど、親中の日本人ができないような貢献をしてきました。

私達が訴えているのは事実であり「反中」ではありません。それを「反中」と言われれば、本当に傷つきます。これは人種差別的な括《くく》りで、ウイグル人はそんな偏狭《へんきょう》な考え方をしません。強《し》いて言えば、ウイグル人一同、「中国が自分の侵略を恥じるまともな良い国になって欲しい」「中国、是非良くなって」と思っています。反中・反日や、左・右といったレッテルを貼るのではなく、国際的な視野でウイグル問題に関心を寄せて頂ければありがたいです。

## 一九四九年、東トルキスタンに何が

東トルキスタンの近現代史

ウイグル人は、古から中国の中の一少数民族ではありません。しかし中国共産党政府は、ウイグルは古から自分達の一部だったと主張します。

実際の歴史から挙げてみると、八四一年、唐はタラスの丘で、アッバース王朝と、ウイグル可汗《かがん》に敗れました。そして万里《ばんり》の長城《ちょうじょう》の内側に籠《こも》ったまま、約一千年の間ウイグルに関わる事はなかったのです。その証拠に、中国文化とウイグル文化は、お互いこの一千年の間に影響しあっていないのです。踊り、顔つき、言語、その他色々な分野を見ても、関係のない人々です。にも関わらず、唐を中華人民共和国と同じ国とみて、「かつて、あそこには行った事があるから私達の物」と中国が主張するのであれば、今の中国は一体誰の物になるのしょうか。清朝？ 満州族？ 色々な矛盾が生じます。

中国共産党の方に、現在の歴史認識の問題を聞いて頂きたいです。そして日本の方も中立の立場で、中国共産党と私達ウイグル人の言い分を、両方聞いて頂きたいのです。

ウイグルの歴史は、独立国家としてウイグルオルホン王国から始まり、ウイグル可汗国（六四五〜八四五）――天山ウイグル国（八五〇〜一三三五）――甘粛《かんしゅく》ウイグル国――カラハン朝――ヤルケンド・ハン国――ヤクブ・ベクが作ったカシュガル王国ともいわれているカシュガルイェーエ国（一八六四〜一八七八）――東トルキスタン・イスラーム共和国（一九三三〜一九三四）――東トルキスタン共和国（一九四四〜一九四九）と続き、ここにきて新疆ウイグル自治区が登場するのですが、私達が植民地に身を置いたのは、清朝の時代であって、国民党や共産党に負けたわけではありません。

一七五七年に北部のジュンガルが、その二年後にカシュガル地方が清朝に制圧され、法的には一八八四年に「新疆」地方と呼ばれてしまいますが、それ以降も、カシュガル王国――東トルキスタン・イスラーム共和国――東トルキスタン共和国と、短期間でありながら、三度にわたり自分達の主権と国土を取り戻しているのです。しかしながら、軍事的な弱さに付け込まれたり陰謀《いんぼう》にあったりして、まだ今、中国共産党の支配下にあります。ここではっきりさせておきたい事は、清朝から国民党或いは共産党に、東トルキスタンが受け渡される法的根拠は何一つないという事です。

漢民族の方々も最近このような事を認識し始めています。二〇一九年、私は世界文学会でウイグル文学について発表しましたが、日本で教えている中国の教授が「私達漢民族は、三百年間清朝の奴隷《どれい》になって植民地の怖さと痛さを知っています。あなた方はまだ七十年ですけれども、是非頑張ってください」と言われました。私は生きているうちに彼らの口からこのような言葉を聞くとは思わなかったので、人間としての希望を見出《みいだ》しました。

このような話を聞いたとき、私達ウイグル人は、いつか私達が彼らのように他の支配から免れた時に、同じような言葉が言えるようにありたい、と思っています。

## 毛沢東の「連合政府論」

毛沢東の「連合政府論」は、日本ではあまり知られていないようです。これはウイグル・中国学者が、ウイグル問題に触れるとき、書かなければならない問題の一つだと認識しています。

中国共産党は一九二一年七月の設立時、国民党との違いをアピールするために、チベット・新疆・モンゴルが中国から独立する事と、各民族の自決権を認める方針を発表しました。そして一九二二年六月六日の中国共産党第二次大会において「各民族の自決権を認め、連合政府制度でもって中国国内の民族問題を解決する」とも発表しています。

中国国内だけでなく、中国共産党は一九二八年にモスクワで第六次大会を開くのですが、その宣言書にも「私達は各民族の独立と分離を認める。中国国内の全ての民族が独立する事と、その民族の独立国家の建設を認めてこそ、真の共産主義者だ」と謳っています。

東トルキスタンは、国民党、あるいは清朝と戦って追い出し、国を作ったものの軍事的な弱さを突《つ》かれ疲弊《ひへい》していました。またウイグル人は、歴来《れきらい》平和を求めている人間達で、人口も少ないのに若い人が戦争で死んでしまうのが忍びなかったから、和平の形を求めていたのです。中国共産党の「連合政府」の理想は、当時のウイグル知識人、国のトップ達の心に響いた事だろうと私は考えています。

その後、中国共産党はこの文言を憲法にも入れるのです。当時の東トルキスタンのトップ達は、モスクワなどで勉強し、共産党の影響をかなり受けていた事もあり、中華人民共和国の憲法に、各民族の自決権・独立を認めると書いてあるから、これこそが私達が探し求めた、真の平和で、理想の共産主義だと思い、一九四五年に毛沢東の共産主義と手を結ぶのです。

しかし彼らは平和を求めて共産主義が理想と信じたのであって、毛沢東やソ連の共産主義国家を受け入れたわけではないのです。

これは中国共産党の一種のまやかしで、この時東トルキスタンのリーダー達が共産党の言う事を聞き入れ、東トルキスタンに中国共産党が入る事、一体になる事に同意したというのは嘘です。

「連合政府論」が消えるのは、東トルキスタン共和国のリーダー達の飛行機事故により、東トルキスタン民族軍が機能していなかった一九四九年九月以降です。これが東トルキスタンが毛沢東及び中国共産党と手を結んだ経緯です。

一九四九年、飛行機事故のすぐ後に、中国共産党は事故を民に知らせる事なく、ウイグルにおいて、アフメットジャン・カスミー東トルキスタン共和国トップが存命で、毛沢東といかにも対等であるかのように写真を掲げて、会議を開いたりしているので

1949年12月17日ウルムチにて、会議場の建物にアフメットジャン・カスミーと毛沢東の写真が掲示されている（写真RFR）

す。前頁の写真は、最近になってアメリカのウィルソン・センターに収集されたものが公開されたと思われます。

## 東トルキスタン共和国リーダーらの「飛行機事故」

アフメットジャン・カスミーは東トルキスタン共和国のトップの一人で、彼は東トルキスタン民族軍トップのイスハクベグ・ムヌノフや、カザフ人のデリルカン・スグルバエフ、自分の秘書、記者などを連れ、一九四九年八月二十二日夜、国を空《あ》けて北京に向かったとされます。ところがおかしな事に、北京に向かったかどうかは資料では分からないのです。向かったように見せかけたとみられる資料は幾つかあるのですが曖昧《あいまい》です。資料に基づいて検証していきます。

### アフメットジャン・カスミー達は何故国を空けて「北京に向かった」のか
### ——一九四九年八月十四日〜二十二日

彼らがモスクワ経由で北京に向かったとされる事は、記録が公開されておらず当時の電報も後に書き換えられた部分がある事から、あまり信用されていません。

一九四九年八月十四日、中国共産党と毛沢東の送った鄧力群《とうりくぐん》という連絡員が、モスクワを経由し東トルキスタンのイリに入ります。中国政府の公式発表では、ここでウイグル人が中国共産党を受け入れた事になっています。「鄧力群がイリに着くと皆んな大変喜んで、多大な喜びの中歓迎された」と。

しかし最近、色んな資料が出てきました。アフメットジャン・カスミーの妻マヒヌル・カスミーさんが書き残された本の発表されていない部分が海外に流出し、ＰＤＦで私も読みましたが、その記述によれば、鄧力群が一九四九年八月十四日の夜〜十五日未明になりますが、ソ連の要人、軍人と一緒にイリに入ったとき、アフメットジャン・カスミーらは、夏休みと会議を兼ねて、イリの近くのケンサイという所に行っており、誰もイリにはいなかったのです。

秘書から「北京から鄧力群という連絡員が来て、重要な話があるから戻って欲しいと言っています。是非ともイリに戻って下さい」と伝えられます。しかし、十五日、アフメットジャン・カスミー達はすぐには戻らず、何故、鄧が来たのか、会うべきかどうか、少し協議されたようなのです。「鄧力群がイリでウイグル人に大歓迎された」という中国共産党の公式発表は全くの嘘で、何の根拠もないのです。

十七日に初めて鄧力群と会い、二十二日まで東トルキスタン民族軍トップのイスハクベグ・ムヌノフの部屋で、極秘に鄧力群が毛沢東に電報を打ちながら会談したと言われています。ただその五日間のいかなる記録も電報の内容も、未《いま》だ誰も知りません。中国、ソ連のトップが知っているのかもしれませんが、何も公表されていません。

アフメットジャン・カスミー達のアルマトイにおける足取りと向かった先
——一九四九年八月二十三日〜二十六日

八月二十二日夕方、東トルキスタン共和国のトップ達は、イリの近くの東トルキスタン民族軍将校の学校で送別会を開いた後、夜に、会談のための沢山の資料を携え、車でアルマトイに向かいます。

二十三日にアルマトイに着いて、二十四日の朝、ソ連の大使館付医師のハキム・ジャッパルさんが通訳として迎えられます。彼の記録には、東トルキスタン共和国リーダーらが二十四〜二十五日ソ連側と激論したと書かれています。これを知ったのもつい最近です。中国側はこの辺の資料を全く公表しないし、ロシア・ソ連なども共産主義国家だから、知っている人達は怖くて公表できない。ソ連崩壊後、アルマトイのあるカザフスタンなども独立国家になったとはいえ、やはり中国・ロシアの影響力でもって言うなと言われた事が、今まで言えなかったのです。

ハキム・ジャッパルは死の直前、本の形で何とか世に出してくれと言って、タクラマカン出版社が『血に飢えた人々―アフメットジャン・カスミーの死』というタイトルで出しています。この本によると、アフメットジャン・カスミーとソ連側は、東トルキスタンを独立国家とするのか、ここで中国共産党を受け入れて植民地になるのか、激しく対立したと書かれています。後年書かれたものなので、詳細には少し欠けるものの、二十四日の夜十時半まで自分が通訳し、ソ連側は大変怒っていた、怒っていて怖かったとまで記しています。それで彼らは、二十六日に飛行機に乗り、もしかしたら話が決裂したのでスターリンと直接話すために、モスクワかどこかへ向かったのかもしれない、と推測で書いているのです。北京に向かったとは書いてないのです。これがこの本に書かれている二十六日までの東トルキスタン共和国のリーダー達の足取りです。

鄧力群がアフメットジャン・カスミーらに何の話をし、アルマトイでどんな話になったのか、中国共産党は資料を公開すべきです。私達ウイグル人は、自分達のリーダーの死を知る権利があるのです。

アブトケリム・アッパソフ　アフメットジャン・カスミー

イスハクベグ・ムヌノフ

デリルカン・スグルバエフ

毛沢東

スターリン

鄧力群

中国共産党が「飛行機事故」の日を最初は「八月二十二日」と伝え、その後「八月二十七日」と修正、最後には毛沢東とスターリンが「九月に起きた」と修正している

この飛行機が墜落した日について、ソ連領事館に呼ばれたブルハンに「八月二十二日、北京に飛行機で向かう途中で彼らは死んでしまいました」と伝えられます。これが最初の日付です。

八月二十七日、事故の情報がごく一部の人々に伝えられ、「飛行機が落ちて皆んな死んだ、イルクーツクで落ちた、北京に向かっていた」という話が出始めます。

広く知られているのは八月二十七日です。後に中国共産党が、墜落した日は八月二十七日と公式に修正しているからです。

毛沢東が九月に打った電報には、亡くなった人々を祖国を代表する共産党の英雄と称えつつ、事故は「九月に起きた」とあります。スターリンが毛沢東に打った電報もアメリカにあるウィルソン・センターから出てきましたが、そこでも事故は「九月に起きた」とあります。

ブルハンは九十四歳まで生きますが、その彼も文革の時には、あれだけ中国政府に一生を捧げたのに信用されず、七十歳を過ぎてから十年間牢屋に入れられます。その時初めて彼は色んな事が分かったのでしょうけれど、最後に八十歳で書いたウイグル語と中国語の両方の本に「私は八月二十七日、ソ連領事館で八月二十二日（に飛行機が墜落した）と聞いたんだ。そう言われました」とはっきり書いています。

しかし東トルキスタンのリーダー達は、八月二十二日は、夕方までイリにいて、少なくとも八月二十六日までは、目撃者や会話した人もいるので、死ぬはずがありません。

どうしてこの日付が出たのか分かりませんが、マヒヌル・カスミーの本には「八月二十二日、私の夫はアルマトイに行った。車で皆を連れて会談のために発ちました。同じ日の二十二日、毛沢東が彭徳懐《ほうとくかい》に電報を打って、新疆進軍を進めるように命じています」と書いています。この電報が意味するものも分かりません。これについても中国共産党が事実を示して説明しなければ、ウイグル人は納得できないと思っています。

## 東トルキスタン共和国リーダーらの「飛行機事故」について新たな証言

最近になって、また新たな証言がありました。一つはソ連領内で墜落した飛行機情報のウェブサイトが立ち上がった事です。もう一つは、私達はもう秘密を墓まで持っていけない、という人々の証言です。アルマトイで通訳を務めたハキム・ジャッパルはその一人なのですが、まず飛行機情報から整理してみたいと思います。

## 一九四九年八月二十五日にブリヤートで落ちた飛行機の情報調査報告書について

二〇〇五年ロシアにおいて、二人のロシア人、ドミトリー・エルツォフ、アレクサンダー・フェティソフにより、ソ連とロシアの航空事故調査機関から提供された公式資料として、一九二九年～二〇二三年現在までの間に旧ソ連及びロシア領内で墜落した民間航空機四六八六機の報告書がウェブサイト上にまとめられました。

私は上海華東師範大学ロシア語学科を出ており、ロシア語を読んで理解できます。二〇〇五年と二〇一五年の二回、私は飛行機事故の資料を探し、モスクワとサンクトペテルブルグに行ってきました。

この飛行機事故報告書のウェブサイトも全て見て、一九四九年のデーターを探しました。一九四九年八月の民間航空機の事故は三件あります。その中に、八月二十五日にブリヤート共和国タバンスキー市付近の山に一機落ちています（この飛行機の情報調査報告書は、ロシア語のサイト http://airdisaster.ru/database.php?id=959 にあり、自動翻訳でも読む事ができます。2023.8.20 参照）。二十七日に落ちた飛行機はありません。

東トルキスタン共和国のリーダーたちが、どんな飛行機で、どこへ向かったのか分からないのですが、ブリヤートの住民、ジャーナリストの間で、この二十五日に墜落した飛行機にいわゆる東トルキスタン共和国のリーダーらしき人々が乗っていたかもしれないという噂は広がっていて、色々な報告書なども書かれています。

ブリヤートのジャーナリスト達の書いた物と、飛行機の調査記録を合わせて読み解くと、飛行機は山の非常に登りにくい場所に墜落した。発見したのは狩人で、何日か後までそこに近づく事も出来なかった。野獣《やじゅう》もいて、もしかしたら遺体が食べられたかもしれないとも書いています。しかしながら、返還された遺体には、何かに傷つけられた痕《あと》はないのです。

東トルキスタン国民と遺族は三か月後に事故を知るのですが、不思議な事に、アフメットジャン・カスミーの妻マヒヌル・カスミーの本には「遺体には顔がなかった。だから誰がその人かどうかは分からない。遺体の顔がなくて代わりに綿が詰められていた。一人アブトケリム・アッパソフだけは、額に少し血が付いていて、亡くなってまだ日が浅く、無傷だった」と書いてあるのです。これについて、中国政府とソ連・ロシアによる家族への説明は「アブトケリム・アッパソフは痩《や》せていたので、飛行機が落ちたとき、機外に飛び出て岩の上に落ちたから無傷だった」という事です。

他の新たな証言は、これも旧ロシア、カザフスタンやウズベキスタンのアフメットジャン・カスミーに近い人々の話ですが、カスミーらはソ連と中国共産党政府の陰謀によって、一九四九年八月二十七日に、モスクワのルバンスキー刑務所で毒ガスにより殺されたと言っています。その理由として、アフメットジャン・カスミーが、「東トルキスタンは古から独立国家であり、共産党は各民族の自決権、独立を認めると自分が言った事を守れ」と要求していた事が大変気に入らなかった。もう一つは、解放軍が東トルキスタンに入る事は許さない、国民党軍も出ていくべきだと言っていた事が、中国共産党の癪《しゃく》に障《さわ》り、許せなかったというのです。

いずれにせよ、一国のリーダー達を電報で呼び寄せ、情報を曖昧にし、殺して、私達には飛行機が落ちたと言いながら、その飛行機は何処で落ちて、どんな飛行機だったのかという情報も公表しない。こんな事では東トルキスタンの民は到底受け入れられません。私達の歴史認識の中に、中国共産党の嘘、不信感、陰謀の疑惑がここから生まれています。

平和な話し合いで新疆ウイグル自治区になったのなら、また違うかもしれません。しかしこの飛行機事故に関する中国共産党の報告書はたった一枚です。ウイグルの知識人達は身の危険から話をする事さえできないのです。私は海外にいるからできるのですが、海外の他の学者達もこの話には絶対触れません。

私が読む限り、アフメットジャン・カスミーは東トルキスタンに解放軍を絶対入れない方針だったのではないかと確信する様々な資料、証言が手許にあります。それらを見ると、解放軍側の理由は、国民党を消すためと言ったらしいのですが、公式資料はなく、東トルキスタン共和国は拒んだと思われます。

東トルキスタンの民とリーダーらの家族に「飛行機事故」は三か月間極秘にされた

東トルキスタンのリーダー達の死は、当初ごく一部の人々に、八月二十二日、八月二十七日、後に九月と伝えられますが、東トルキスタンの一般の民が知ったのは十一月一日、それもイリとウルムチの一部の知識人階級だけに伝えられました。アフメットジャン・カスミーの遺族へは十月三十一日の夜でした。この情報はスターリンからソ連領事館経由だったと伝えられています。

この間に何があったのか。解放軍が東トルキスタンに入り、各地の要所要所に駐軍していたのです。解放軍がこうして東トルキスタンの民にリーダー達の死を隠して入った事は、東トルキスタンの民が騙《だま》されたと悔《くや》しがる理由の一つです。

東トルキスタンにどの位の解放軍が入っていたのか、未だに公式な発表はないものの、毛沢東がスターリンに打った電報では、五十万人連れていくと言っているのです。これはウィルソン・センターのウェブサイトで英語で「スターリンと毛沢東の電報」で検索すると出てきます。

国民党軍が十万人、東トルキスタン民族軍は四万人いましたが、戦争状態ではないのに、和平解放のために何故五十万人もの解放軍が必要なのか。当時、王震《おうしん》率いる人民解放軍第一野戦軍に五十万人いたかどうか、実際の数は分からないのですが、蘭州《らんしゅう》や西北《せいほく》において沢山の兵を募集していた記録が残っています。

## 「飛行機事故」が民の心に残したもの

この「飛行機事故」をめぐり、私達ウイグル人の心に、騙された悔しさの中で入り込んだ侵略政権を、絶対受け入れない――そのような心理を芽生えさせました。これは日本が同じ事をされても、そうではないでしょうか。

中国は、色んな国に私達は侵略されたと根に持ち、反日教育もしていますが、何千年も前の匈奴《きょうど》にやられた事を持ち出して、今の私達を未だに罵《ののし》るのです。

しかし東トルキスタンへの侵略は七十年しか経っていないのです。その東トルキスタンの民に、中国共産党を受け入れ、中国共産党のために生きる人間になれと思うのは、夢物語に近いです。

中国共産党がいつか、共産党のために民を生かす政治ではなく、日本や外国、東トルキスタン共和国のように、国と政治は民のものと分かったとき、私達は初めて話し合えると思います。これが民の心です。

## ブルハン・シェヒディとは

ブルハン・シェヒディの「和平解放」における「功績」

ブルハン・シェヒディはタタールから来たタタール人で、東トルキスタンの「和平解放」に多大な「功績」を残しています。

彼は自分の本に書いているように、一貫して中国国民党と中国共産党に忠誠を尽くし、中国政府のために命がけで働きました。またアフメットジャン・カスミー達が「飛行機事故」で消えた後、国民党軍のトップと手を組み「是非とも新疆に入って下さい」と毛沢東に電報を打っています。

一九四七年、ブルハンは、アフメットジャン・カスミーに会うためにウルムチに呼ばれます。その時アフメットジャン・カスミーが襲われる事件が起きますが、アフメットジャン・カスミーはウイグルの民に愛されていたので、ブルハンの傍にいたガードマンで運転手のミノフというウイグル人が、国民党軍を銃で追い払ってカスミーを守り、ミノフは亡くなってしまいます。亡くなったミノフの息子を、ブルハンは自分のガードマンの息子だからといって養子にしました。その後の事は、全てブルハンの言うまま、思い通りに進んでいきます。

ブルハンと鄧力群の不思議な関係と四十年後のシャットグリ・ウイグル暗殺事件

一九八九年に、ブルハンの養子ウイグル・ミノフがウイグル水利庁のトップになりました。ウイグル・ミノフは、ブルハンとソ連の関係、ブルハンとブルハンの家に住んでいた連絡員の鄧力群の話など色々な事を知っていてトップになる。それを恐れた人々、中国共産党政権が車に爆弾を仕掛けるのです。

一九八九年、暗殺されるはずのウイグル・ミノフが車に乗ろうとした時、娘のシャットグリさんが、何処《どこ》かに遅れるから私を先に送ってくれと言って先に乗るのです。シャットグリはウイグルを代表する女優さんで、ブルハンの養子の娘だから、ブルハンと孫娘の関係でもあるのです。彼女が車に乗った瞬間、父親の代わりに彼女が爆破されて死んでしまうのです。ウイグル人が皆んな知っている大変有名な事件です。

このように当時の事を分かった人々が力をつけた時、或いは目の敵だと思った時、ウイグルで色んな形で色んな人々が死ぬのです。

シャットグリが死に、アフメットジャン・カスミー達は飛行機事故で消されて、私達ウイグル人が、シャットグリ暗殺の時まだ小さかった私も、その時知ったのは、共産党はいつでもこうやって人を消すんだな、テロ事件をいつでも起こすんだな、という事です。ウイグル人をテロリストと言う前に、自分が今までどれ程の若くて無実なウイグル人達を公然とテロ事件で殺したか、私達が知らない、記憶しないとでも思っているのでしょうか。

シャットグリの話も映画にしてほしい位です。

シャットグリ・ウイグル

ブルハンの権力や秘密を守るために、色んな人が殺されました。しかしそんなブルハンさえも、文革の時には毛沢東に信頼されず、十年間刑務所に入りました。

出所してからブルハンは、毎年、一九四九年八月二十七日を記念して、アフメットジャン・カスミーの墓に行くようになりましたが、事件から四十年後の一九八九年、同じ八月二十七日に彼は九十四歳であの世に旅立った。これはただの偶然なのか、歴史のいたずらか、或いは本人の意志なのかと考えてしまいます。

## 東トルキスタンの民の歴史認識

東トルキスタン民族軍の運命

東トルキスタン民族軍は、最大の時には四万人を数え、負け知らずとして有名でした。国民党軍をウルムチ近くのマナス川まで攻めていくのですが、リーダーたちの死後、指揮系統がソ連と共産党側に渡ってしまい、最後には解散させられました。

中国共産党が、東トルキスタン共和国が「三区革命」に、東トルキスタン民族軍が「中国人民解放軍第五軍（通常三区民族軍）」に、「占領」が「和平解放」に改名された時期と背景

そして、東トルキスタン共和国の存在を「三区革命（イリ・タルバガタイ・アルタイの三地区を支配したとする）」に、東トルキスタン民族軍が「中国人民解放軍第五軍」に、占領が「解放」に改称されたのです。

この事についてウイグルの言い分があるのです。「三区革命」など歴史に存在しない。そして「中国人民解放軍第五軍」というのは「東トルキスタン民族軍」後にそうなったので、日本の歴史学

者も、東トルキスタン民族軍を言ってから第五軍と言ってほしいのです。

それから「和平解放」というものの、毛沢東は自分の資料、自分の電報で全部「占領」と言っています。

その時期と背景は、毛沢東は、鄧力群が行ったとき皆んな歓迎した、解放軍が入ったとき歓迎したと言うものの、これという根拠のあるものは出せない。にもかかわらず「三区革命」などと改造された、歴史に存在しない革命の名前ではなく、是非東トルキスタン共和国と使ってほしいのです。

このように、私達は色んな事に疑問を持ちながらも、新疆ウイグル自治区になってしまいました。そして自分達を侵略された民と思っています。東トルキスタン共和国が「知らずの内」に中国共産党の植民地になったこと、またリーダーらの謎に満ちた「飛行機事故」による死が運命を変えたことについて、お話しさせて頂きました。

## 3 一つの東トルキスタンに二つの統治機構「新疆ウイグル自治区」と「新疆生産建設兵団」が存在する

左の地図には、沢山の飛び地が示されています。それらを合わせると実に台湾の二倍位の面積があり、行政上、新疆ウイグル自治区ではなく新疆生産建設兵団（XPCC／Xinjiang Production and Construction Corps）に属しています。準軍事機関とされていますが、準軍事従業員・武装要員を含めて今四百万人近くいるのです。新疆ウイグル自治区にありながら、新疆ウイグル自治区の治外法権にあるこの組織についてお話しします。

### 新疆生産建設兵団とは

新疆生産建設兵団（以下、兵団）の組織機構は、縦には人民解放軍と同じ「兵《へい》・師《し》・団《だん》・営《えい》・蓮《れん》・排《はい》・班《はん》」という軍事序列を踏襲しています。そして横には「軍・政・党・企（軍と政府と党と企業）」一体の特殊な組織でもあります。

一九五四年設立時の名称は「中国人民解放軍新疆軍区生産建設兵団」でしたが、一九八一年、鄧小平《とうしょうへい》の「兵団は解放軍の名義を表に出していけない」との指示で、「新疆生産建設兵団」に変

## 新疆生産建設兵団 各師団の分布

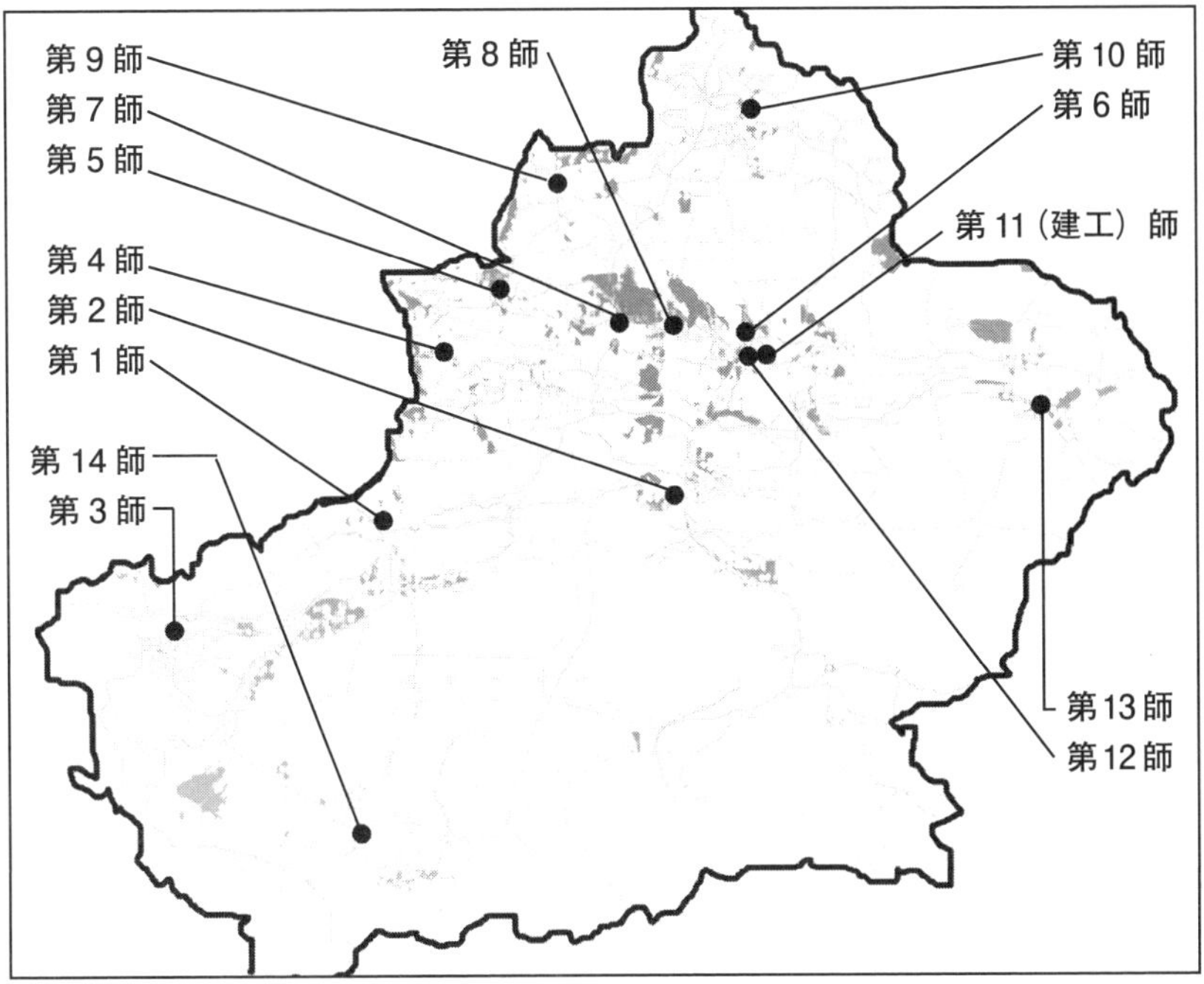


© 明成社

更されました。海外に対しては「中国新建集団公司」という名を出しています。

## 新疆には「二つの新疆」がある

中国で「新疆には二つの新疆がある」という笑い話があります。一つは新疆ウイグル自治区、もう一つは新疆生産建設兵団で、会話で新疆に行く話をするとき「あなたはどの新疆に行くのか？」と風刺したりします。

天気予報では区別しませんが、他の全てにおいて区別され、例えば新型コロナの罹患《りかん》者数が新疆ウイグル自治区は何人、新疆生産建設兵団は何人と区別されて、中央テレビなどで報道されます。

双方の関係について、「政権中の政権」「国の中の国」「政府の中の政府」「新疆ウイグル自治区にある新疆生産建設兵団という治外法権」などと言われています。

## 自治区のトップが軍の司令官である事

あまり理解されていないのは、自治区のトップが軍の司令官であるという矛盾を抱えている事です。

二〇二二年五月、日本ではＮＨＫや毎日新聞、世界十九の報道機関が、中国の内部から流出した「新疆公安ファイル」について報じました。十九の報道機関が検証し、日本では毎日新聞をはじめ信憑性が十分確認されてから報道されたのです。この時、当時新疆ウイグル自治区のトップを務める陳全国《ちんぜんこく》が部下に対し、強制収容されている人たちが「数歩でも逃げれば射殺せよ」「射殺してから報告しろ」「少しでも不審な動きをすれば『発砲しろ』」、「海外の帰国者は片っ端から拘束し、手錠と黒い覆面を覆わせてから連れて来い」と指示していた事が、大きく取り上げられ、世界に衝撃を与えました。

これは陳全国が中央に手柄を立てたいが為に、先走ってこのような厳しい措置を取っていると見られてしまったのですが、海外メディアが注目しなかったのは、陳全国は自治区のトップであると同時に、約四百万人いる「兵団」という軍のトップでもある事です。陳全国がいい人か悪い人かは関係ありません。勿論彼の手が、ウイグル人の血で染まっている事は間違いないです。彼がチベットを統治していた頃、沢山のチベット人が焼身自殺したりしました。その「功績」で彼はウイグルに移ったのですが、中国内の行政的な手続きからすると、陳全国は軍のトップであり同時に自治区のトップも任されていて、彼はこのような事を言える立場で、その言葉が全部実行される権限を持っているのです。

そこに焦点が当てられなかった事に、私は吃驚《びっくり》し違和感を覚えました。今の自治区のトップの馬興瑞《ばこうずい》も、軍のトップであるが故に、いつでも私達ウイグル人を殺す命令を出す事ができ、その命令をすぐ実行する事ができます。軍だからです。

陳全国の役職です。

中国共産党新疆ウイグル自治区委員会元書記
中国共産党新疆生産建設兵団委員会第一書記第一政治委員

（二〇一六年八月〜）中国共産党中央政治局員
（前職）
中国共産党チベット自治区委員会書記
中国共産党チベット軍区委員会第一書記

陳全国以前の人達も現在の馬興瑞も同様であるのに、陳全国だけが強制収容の施行に関与する人物として、アメリカ財務省に「米国内資産凍結」と「アメリカ人との取引禁止」に指定され、制裁の中に名前が加えられましたが、これは何も陳全国だけではなく、制度がそうなっているのです。

## 配置・構成・人口

新疆生産建設兵団は、第一師から第十四師まであり、師団が市を持ち（師市合一《ししごういつ》）、師の下部単位の団が町を持っています（団鎮合一《だんちんごういつ》）。近年は土地を開墾《かいこん》するのではなく、ウイグルに沢山ある空き地・空き家を全部兵団が抑え、段々大きくなってウイグルの町を飲み込んでいるのです。これを「兵地統合」「兵地融合」とも言っています。

自治区の人達は兵団の敷地の中に入る事はできませんが、兵団の人達は武器を持っていますので、町の中でもこのように威張って走っています〔61頁写真〕。

地図〔57頁〕を見ると、国境に沢山の師団が置かれています。一九四九年、地政学的な要所に入っていった軍が、兵団になった事が見てとれます。

昔、総本部は石河子《せきかし》市に置かれていましたが、現在はウルムチにあります。

新疆生産建設兵団は、中央政府の指揮下にあり、自治区党書記が兵団第一政治委員、自治区党副書記が兵団政治委員・兵団党書記・中国新建集団公司董事《とうじ》長を務めています。自治区の党書記が兵団の第一政治委員なのです。いかに共産党が軍、或いは自治区の全ての法的地位においてトップにいるかよく分かります。その役職にある今の馬興瑞さんは、四千五百社を数える新疆生産建設兵団の会社のトップでもあるのです。

兵団の総人口は、二〇一九年から三年間で年平均約二十万人ずつ増え、二〇二二年末で三百六十八万五千人います（「兵団ネット」webサイト）。

経済成長率も凄いです。経済規模総額は二〇一九年の二七四七億元から、二〇二二年には三三九五・六一億、日本円に換算して約七兆円に増加しています（同「兵団ネット」）。

**兵団員の出身**

一九四九年、東トルキスタンのリーダー達の飛行機事故の時、国民党軍が東トルキスタンの中に十万人いました。毛沢東が彼らに、あなた達が解放軍になれば、色々な良い事をしてあげると約束し、それで彼らは中国共産党解放軍に寝返るのですが、でも結局彼らは国防軍にはなれなかった。当時、東トルキスタンで開墾していた旧国民党の生産部隊に回されました。東トルキスタン民族軍も、開墾部隊、生産部隊に回され、それを取り囲む形で解放軍が十万人置かれるのです。解放軍が旧国民党軍と東トルキスタン民族軍を監視し、生産させて開墾させせながら溶かしてしまう、最初の構図はこのようになっています。国民党軍はこうして消されていきます。

同じ漢民族の十万人が共産党と解放軍に寝返ったとはいえ、中国共産党は決して最後まで彼らを受け入れる事も信じる事もなかったと、私は兵団を研究していてよく分かりました。やはり共産党は、全然違う文化の東トルキスタンのウイグル人も信じないだろうと思いました。

その後兵団だけに入植された漢民族が、その頃二十万人で始まったとして、今四百万人いるのです。どのように増えていったのかといえば、解放軍が入って行った時、東トルキスタンで結婚してずっとそこに住むようにならなければ漢民族が増えないという事で、王震が色んなところから漢族の一般女性を、そして全土から売春婦が集められるのです。そして、犯罪者、退役軍人、負傷軍人、失業青年、文革の時の知青《ちせい》（政治的問題ありとされた知識人）と言われる人々、その後に政治的問題があったとされた中国全土の知識人達が集められて兵団に入り、この人達もやはり解放軍に取り囲まれながら、労働力となって人生を過ごすのです。

他に「黒戸口《ヘイホウコウ》、盲流《マァンリウ》」と呼ばれる人達。これは中国の内地では食べていけず、或いは仕事がなく、新疆で一山当てようと流れてきた人々です。この人達は、東トルキスタンに住んでいるウイグル人、漢民族の家にも泥棒に入るなど、悪い事ばかりです。

昔から客観的な本当のニュースがあまりなくて、「アルタイ山からアルタイ金が出る」という噂話が口コミで一気に広がって、ウイグルには金があちこちに落ちてるらしい、と一獲千金を狙う大勢の人々が押し寄せて来ました。これには現地の住民だけでなく中国政府も困りました。この人達も、来ては集められて兵団へ、来ては集められて兵団へ。このように中国内地から流れてくる、或いは内地の問題ある人々を、兵団に収容して解放軍で囲んで〝愛国者に改造する〟伝統は、昔からあったのです。他に、現地のウイグル人とカザフ人も少しいます。彼らは主にこのような人達です。

日本でも詩集が出ているタヒル・イズギルという著名な詩人がいます。タヒルは父親が知識人だったために、文革で兵団のカシュガルの農場に島流し的に流されます。その時書いた詩が、彼の詩集に収められています。

アミーナー

真っ赤な葦のそばで
登記簿がない田んぼで
人々はサトウキビを血を流すことなく切っていた
真っ白な霜に覆われた太陽が
遠くの給水塔の上で
後ろ向きに　欠けた文字のようにぶら下がっていた
黄色の尿で地面に字を書ける
一列横隊の勇士が

牛の牧場の前を浮遊しながら過ぎて行き
風に向かって進んで行った
土壁の穴に
丸めて隠された真新しい書き物から
女の弱々しい声が聞こえた
我が愛おしい娘アミナ
お前を父親に託した

（タヒル・ハムット・イズギル『聖なる儀式』河合眞・ムカイダイス／共編訳）

詩の三行目に「人々はサトウキビを血を流すことなく切っていた」とあります。アミナという小さな女の子は、タヒルと同じ様に父親が島流し的に兵団の農場に行かされて、そこには子供達の面倒を見る人がいないので親の監視下で働くのです。親が少し目を離した隙に、アミナは誤ってサトウキビを切る大きな機械に手を入れてしまいます。

この詩の背景についてインタビューしましたが、彼女は幸い助かって死ななかったけれど腕が切断され腕が無いのです。どうしていけばいいのかと母親が嘆く。そのうちアミナちゃんのお父さんも亡くなって、弱々しい声で天国にいるお父さんに託した、と。これは兵団に行かされたウイグル人の悲しい生活、人生、生き方を伝える詩の一つです。

## 新疆生産建設兵団の設立背景

毛沢東は、一九四九年九月二十六日スターリンに当てた電報で、「新疆占領」の為にスターリンとソビエトの力を借りなければ達成できない事と、五十万人の軍を進軍させる事を告げています。資料が公開されていないので、実際の数字は分かっていないのですが、当時、新中国が設立されて、国民党軍や日本と戦っていた毛沢東の全軍は、もう戦争がなくなるので、この軍をどうやって養うのかという問題がありました。食糧問題です。

何よりも、東トルキスタンのリーダーたちの死を三か月間は秘密のままに「和平解放」した嘘がバレたら、東トルキスタン国内の民の抵抗が起きる事を恐れていました。

国民党軍と東トルキスタン民族軍を正規軍として維持する事ができない中で、解除しなければならない問題もありました。

また解放軍は、ウイグルに入る前から、ウイグルにはどんな資源があるのか、勉強会、研究会、学習班まで立ち上がって調査し、その資源をどのように自分たちで開発して中国本土まで運ぶか計算していました。

こうした様々な問題を解決し活用していくために、強力な軍事力が国防軍とは別に必要だという事で、兵団が作られたと読んでいます。

## 「新疆」分割論と名称問題

浙江省《せっこう》の十六倍、四川省《しせん》の四倍の大きさを持つ「新疆問題」は、国民党時代から中国の〃頭痛の種〟でした。

左宗棠《さそうとう》の時代に提唱された、天山を境に新疆の土地を二つの省に分割し、北を「北天山省」南を「山南省」と分ける計画は実現しませんでした。もっとも、計画は立てられても民には知らされません。

一九四五年八月十五日、新疆省首席の呉忠信《ごちゅうしん》が、蒋介石に「新疆を四つに分割する事について」と題する報告を送っています。新疆を四つの省に、天山の北を「山北省」、天山の南を「山南省」、南新疆を「崑崙省」、新疆の東を「安西省」に分割して管理し易くする事で「漢族住民の入植と経済的な維持は難しい問題ではなくなる」と述べています（『xelqara weziyet we sherqi turkistan（国際情勢と東トルキスタンジャーナル）』２０２1年2号）。

国民党の蒋介石をはじめ中央政府の要人たちは、「新疆」の名は新たに統治された土地として植民地を意味する事から、「新疆省」民が、自分達が新たに植民地下に置かれてしまった、昔は独立した自由な民だったと意識するのを危惧していました。

張治中《ちょうじちゅう》は、一九四八年に記者会見で、「新疆」はウイグルの人々にどうも新しい領土、新たに支配された、侵略された領土だと想起させてしまうので、別の名前にしようと発言しています（「革命的東トルキスタン（Inqilawi sherqiy Turkistan）新聞」）。このような新疆という名前をなくそうという動きも、国民党時代からあります。

一九五五年、新疆ウイグル自治区設立の際、「新疆自治区」という名前が提案されて、ウイグル側がとても譲らず「新疆ウイグル自治区」になった事はよく知られていますが、この時、共産党の中国側から「天山省」「中国突厥斯坦《トルキスタン》」「新疆自治区」「ウイグル人民政府」、ウイグル人側からは「ウイグルスタン」「ウイグルスタン共和国」と、双方の間で激論が戦わされた様子が、陈平《チュンピン》『建国初新疆域名之争及修改地名的历史回顾』に書かれています。私が吃驚したのは、この陈平さんは、事実をそのまま書くのです。大変中国寄りで中国共産党に忠誠な研究者で、「この人達は、とても悪くて国家分裂主義者だからこう言ってるけれども、このような話はあった」と、隠したり改《かい》竄《ざん》せず書いてくれる数少ない興味深い中国側の研究者ではあります。

## 中国共産党の分断統治

〝兵団の父〟と呼ばれる王震という人は、大変残虐で、一人の中国人漢民族が死んだら三人のウイグル人を殺していたという話が残っています。

一九四九年、中国人民解放軍第一野戦軍率いる王震は、まず、東トルキスタンの隅々を踏査し、水源と土地資源が豊かで開発すれば食糧が取れる、そして地政学的に大変重要なところを十一か所抑えて師団を置き、一九五四年に「中国人民解放軍新疆軍区生産建設兵団」として設立させました。

その後が興味深いのです。例えば兵団の第二師は、バインゴルンという大変豊かな緑の多い場所にあるのですが、モンゴル人は少なく、ウイグル人が大勢いるこの地域をまずモンゴル自治州にして、その後でウイグル自治区にするのです。このバインゴルンモンゴル自治州には、中国の四十七回の核実験が行われた馬蘭《マーラン》鎮と、ウイグルの古の遺跡ミラン遺跡があり、第二師団がそれを囲む形で置かれています。兵団をまず土地を抑える一つの手段にする。その周辺地域を、ウイグルではない別の民族の自治州にしてからウイグル自治区にする。そうやって兵団に対するウイグル自治区の税徴収や管理が及ばない複雑なシステムを作ります。兵団第三師はカシュガル地区とキルギス自治州管轄下の県と市の境に配備され、兵団第四師はイリ・カザフ自治州内のイリ地方に配備されるなど、重要な師団の殆どが、ウイグルとは別の民族の、自治州、兵団、自治州・自治県に隣接する形で置かれています。

## 「計画単列」としての兵団

兵団は「軍・党・政・企」が一体化した「新疆ウイグル自治区」内にありながら自治区には属さない特殊な組織です。そのため、国内外から中国の憲法における兵団の位置について疑問視され、学者たちが指摘する「捻れ現象」を解決する為に、中国共産党中央政府は、一九九八年に新疆生産建設兵団を正式に副省級の「計画単列」に入れ、兵団は、新疆ウイグル自治区と同等の権限を持つ地方行政機関になりました。

中央政府は兵団を、中央政府と新疆ウイグル自治区の「双層領導（二重領導）」下に置かれている事をアピールし、新疆ウイグル自治区のトップが新疆生産建設兵団のトップを兼ねるなどの措置を講じました（郭鋼「兵団計画単列の前々後々」『新疆屯墾与文化研究論从２００７』中国農業出版社）。これにより、ウイグル人の自治権が与えられている自治区のトップが軍の司令官になる、おかしな現象が生じてしまっているのです。

「軍・政・党・企」合一ではありながら、兵団はこの四つとも正規でない側面もあり、中国語で「四不象的怪胎（四つのどっちにも似ていない怪胎）」とのあだ名があります。

## 「軍」としての構造と機構

兵団には、軍事部とは別に「兵団武警」という武装部隊があります。

「兵団の軍事機構は兵団軍事部と兵団武警に分かれている。兵団軍事部の第一書記は兵団政府委員長が兼務する。その他の兵団軍事部と兵団武警のトップは新疆軍区から派遣される。」

「各師と団にそれぞれに、職業軍人と人民武装部が設置されていて、民兵の訓練と軍事工作を担う時の責任者としてまた警備も担当する。各師の職業軍人と民兵らは不測の事態に随時応対できるように最新の武器を備えて待機している。それ以外にも「兵団に専門の予備役部隊」が設立されている。」（包雅钧『新疆生産建設兵団体質研究』中央編訳出版社　二〇一〇年十月）

師が軍でありながら「武警」がいるのは何故か。その数がどの位かも分かっていないのです。

彼らは普段、例えば農業をしていても、年に二回、一番下《した》っ端《ぱ》の人達で軍事訓練を受け、武器を持っています。「兵団の全ての職人、工人は軍服を着ない軍人であり、団場は永遠の国境線である」という兵団ならではの民謡があります。

二〇二二年一月十一日付の新聞「大紀元」は、「中国国営新華社十日付のニュースによると、中国軍の香港駐留部隊司令官に人民警察武装部隊副参謀長の彭京堂《ペンジンタン》少将が任命された。」と報じています。彭京堂は、新疆武警の参謀長から人民警察武装部隊の副参謀長になっています。兵団の武警のトップが香港に派遣されるようになり、香港駐留部隊の軍司令官になっているのです。これは懸念すべき事であるのです。ウイグル人を内部から弾圧した兵団武警のトップが、今香港の駐留部隊の司令官になっている事は、今後やはり気になるところです。

### 「軍」としての兵団の役割

「軍」としての兵団は、内側から自治区とウイグル人を支配するシステムとして機能しています。内部の安定のため、例えば一九九七年、ウイグル人が「グルジャ虐殺」と呼んでいるイリ事件の時も現に兵団が来ました。二〇一四年のヤルケンド事件の時も兵団の軍隊が出向いて弾圧しました。国際条約で禁止されている武器も兵団は平気で使っているという情報も見ています。

最近は十四の兵団の中の監獄システムを拡大して、そこにウイグルジェノサイドにおけるウイグル人を収容しています。

兵団が設立された頃、共産党に寝返った国民党軍は最初に「生産部隊」に分けられ国防部隊には成れず、東トルキスタン民族軍も同様でした。国防部隊は生産を免れ、生産部隊は軍としての体質を保ちながら兵団の前身になりました。この時の「労働改造」が現在の「強制労働」制度に繋がっているのです。根本的なやり方は変わっていないと言えます。

### 兵団「建築工程師」

十四の師団の中に、他と異なる師があります。農業をせず農場を持たない第十一師団で、「建築工程師」と呼ばれています。主に橋と道路などインフラを作っています。建築以外の分野では、崑崙綿紡績工場などにも出資し、園芸林業、機械、電子、化学工場、食品、紡績業など一体化した大型企業集団です（包雅钧『新疆生産建設兵団体質研究』）。

「一帯一路」でこの第十一師の会社が、アフリカ、アフガニスタン、パキスタン、トルコなどに進出しています。中国解放軍の会社が他国のインフラ設備を担う事は、安全保障上どのような問題があるのか注目したいと思います。

## 「師市合一」の現在

二〇一五年四月、日本の中国大使館ホームページにこのようなニュースが報じられました。

「新疆ウイグル自治区のイリ・カザフ自治州に十二日、県級市ココダラ（可克達拉）が正式に設置された。（中略）国務院はココダラ市を兵団と都市を「師市合一」で統合させ、新疆生産建設兵団第四師団の管理下に置くことを承認した」

ココダラ市は兵団の市なのです。これは兵団の師が行政的な市を作り、それを受け持つ。軍が町を作る、そのような体制が始まった事を伝える重要な記事だと見ています。この記事の時には十二市でしたが、二〇二三年現在、既に十四の師による市が作られています。

「師市合一」と同様に、下位の団・連隊レベルにおいて町作りが進められ、「団鎮合一（団と鎮〔町〕の一体化）」で、兵団の団が町を既に五十六か所作っています。

## 主権と治権の問題

新疆ウイグル自治区に、二つの治権が存在しています。主権としては自治区に自治権を与えています。別に治める権力として、憲法にはない兵団が準軍事組織として、自治区の自治権が及ばない沢山の土地を持っています。自治区よりも一年早く設立された兵団は、中国の国家と憲法が定めた民族区域自治の治権と相反する治権の形なのです。

ここは「民族区域自治」内における治外法権なのです。中国共産党がこの七十年間自分の憲法を守らない、憲法の上位に共産党が立っている構図・事実を示している一つの例になるとも言われています。

これを今後中国が、どのように解決していくのか。「主権と治権」の問題は、私の研究テーマとしていますので、論文にまとめていきたいと思っています。

## 兵団による環境破壊

兵団による環境破壊が凄まじいです。

「さまよえる湖」として有名なロプノール湖は、地上から消えてしまいました。日本で博士課程を取られたビラル・ナズミ先生のレポートによると、兵団が開墾した土地に水が必要になる為、タリム河の上流に十九のダムを作り、水を溜めた結果、下流のロプノール湖が消えてしまった。もう一つの要因としてウイグルでの中国による核実験の影響も大きいと指摘されています。同様に兵団の開墾と乱開発によりマナス湖が枯渇《こかつ》し、ボルタラにあるイブヌル湖も枯れ、住民は移動を余儀なくされています。
ウイグルの環境破壊はウイグルだけでなく、世界の環境に影響を与えます。中国が環境を破壊したツケは、いつか中国が自分で払う事になると思います。

### 兵団によるウイグルの資源の略奪

新疆ウイグル自治区の主要産品に「三つの金」があります。

【白金】綿
世界三大ブランドの一つ。世界綿需要の二十%。中国の綿はウイグル産が殆ど。

【黒金】石炭
太陽光パネルの原料ポリシリコンは石炭から作られる。中国の太陽光パネルの八十%が新疆ウイグル自治区で生産されている。

【紅金】トマト
中国は世界トマト市場にトマトペーストなどを提供する一位か二位。中国産トマトの七五%がウイグル産。

天然ガスと石油、金属、希少鉱物は、全部中央軍事委員会が抑えていて、兵団はこれに手を出せません。残りの、綿、石炭、トマトなどは、全て兵団が抑えて加工し、世界に輸出しています。
新疆ウイグル自治区は「一帯一路」の核心区域と言われていますが、兵団が巨大経済グループとしてその中心的な存在です。準軍事機関ですから中国は勿論安心できますし、国際と国内の資源と市場を兵団が抑えています。

「軍企業」の製品が世界市場で売られている

兵団は農業・綿花・牧畜などの第一次産業、石炭・石油・機械生産などの第二次産業、各種小売・不動産・観光業などの第三次産業を幅広く営み、四千五百社に及ぶ巨大複合企業体を有しています。当初は農業開発と建設土木が中心でしたが、今はエネルギー・鉱業・化学・石油および天然ガス生産・物流・繊維・アパレル・エレクトロニクス・ワイン・食品加工・保険・観光など、幅広い分野に手を広げています。

その「軍企業」製品が世界市場で売られています。八二万六千社が取引をしています。経済規模は日本円にして約七兆円にのぼります。

## 中国の民主派、海外の中国の専門家たちの見解

王力雄《おうりきゆう》

『私の西域、君の東トルキスタン』（集広舎）の著者で、中国トップの評論家・作家です。その公正で人間愛溢れる著作は、ウイグル人やチベット人を始め中国国内の所謂「少数民族」と言われる人々に支持されています。王力雄先生が二〇一九年七月十九日ラジオ・フリーアジア中国語

版に寄せられた「新疆生産建設兵団についての評論」の一部を訳しました。

「中国憲法上の行政区画分の中に兵団の位置を合法化できない。現実問題として兵団の百か所以上の飛び地が新疆全域にある。兵団の面積は七・四三万平方キロメートルで、寧夏《ねいか》回族自治区の面積よりも大きい。そして台湾の二倍に相当する。兵団のこれらの土地は新疆各地域の地元政府の管轄を受けない兵団直轄の政権体系である。北京から発布された各種類の文書に各省、市、自治区、新疆生産建設兵団と加えられている。歴然と一つの省として位置づけられている事がわかる。新疆は本来「民族区域自治」が憲法で認められた自治区である。民族自治区域内に百か所以上もある全く別の『自治区域』を挿入している事は、本来の自治区域の分断と分割である。これは法律上どのように解釈する？　解釈できるのか？」と、中国政府に問うています。

韓秀《かんしゅう》（Teresa Buczacki）

アメリカ国籍の華文作家です。アメリカ人と中国人のハーフの方で、一九四六年マンハッタンで生まれ、一九四八年から三十年間中国で過ごし、一九七八年初めにアメリカに帰国しました。彼女は二十一歳から三十一歳まで（一九六九年～一九七八年）、兵団で過ごしています。彼女のインタビュー映像「新疆生産建設兵団の九年（https://www.voachinese.com/a/hanxiu-sot3-xinjiang-20181226/4717833.html）」には、ウイグルへの愛があふれています。彼女は「ウイグル人のような優しい心のきれいな人々を見た事がありません」と発言しています。

韓秀先生のいた団に、大勢の漢民族が政治犯として送られて、彼らは死んだらみんな外に捨てられるのです。でも「その漢民族をウイグル人の人々が、ちゃんとイスラームのしきたりに則って体を清めて埋葬してくれた事を忘れた事はありません。中国政府は民族間の憎しみを煽《あお》らず、もっと事実関係を中国・漢民族が知ってほしい」と訴えています。

彼女は中国語・英語でこのような沢山のメッセージを発信しています。

## Q&A

**Q.** 今後、兵団はどのように発展していくとみられますか?

**A.** 習近平の現在の新疆民族政策は「人口の優良化」を重視しています。「人口の優良化」とは、入植させる漢民族の人口がウイグル人より多い事だけではなく、十人のウイグル人が住んでいるとしたら、ウイグル人を二〜三人にして、他は中国漢民族でなければならない。要するにウイグルにいるウイグル人の人口比率を問題視しています。若い人が多い事も問題視しています。南部に置かれている兵団の漢民族の割合は全自治区において今五%だそうですが、これを七%にすると言っています。

そうすると、南新疆オアシス地の水源・土地・資源に限界があります。強制収容所に入れられて明け渡されたウイグル人の土地があるにしても、それだけ増えたら土地と水が足りなくなります。

一方ウイグル人は、強制労働の余剰労働力として域外に出す。こうして兵団は漢民族を大勢受け入れながら自治区の土地を飲み込んでいくという政策なのです。ウイグルにウイグル人が少なくなり密度が下がる。漢民族だけが多くなるという事は、将来、私は新疆ウイグル自治区がなくなると見ているのです。カシュガルでは既に始まっており、大きな変化を遂げています。

皆さんはウイグルジェノサイドというと、人々を強制収容所に入れる事だと思っていますが、ウイグル自治区を無くす仕組みが立てられている。もうそれが見えています。

Q. 現在新疆ウイグル自治区の総人口は二千五百万~二千六百万人位と言われていますが、その中に四百万人近くいるという兵団の人口は含まれているのでしょうか。
統計上の自治区の人口は、ウイグル人と漢人が同じか、やや拮抗《きっこう》している。強制収容所の問題で正規の数は出ないと思いますが、もし兵団の人口が加わるとすれば、完璧に既に逆転現象も起こしていて、内モンゴル自治区が内モンゴルと言いながら、実際は人口の八割が漢人で、モンゴル人が二十%しかいない状況と酷似《こくじ》するのではないかと危惧しています。

A. 新疆ウイグル自治区の人口の中に、新疆ウイグル自治区でない兵団の人数は含まれていません。自治区の人口比率は、漢族が四十二%、ウイグル人が四十八%と言われていますが、この数字はもうかなり前から変わっていない事に留意する必要があります。
入植された漢民族とは別に、「新疆を応援する」と十九の省から五十を超える事業が入っていますが、そのような流動で入ってくる漢民族も合わせ、一方、大勢のウイグル人が強制労働の余剰労働力として、バスや鉄道で内地に移される映像や写真を目にされた方もあると思います。それらのトータル数字も分かっていないのです。

ウイグルの人口の本当の状況は分かっていないのです。漢民族が上回っている事だけは確かです。兵団、解放軍、国防軍、入植した漢民族、流入の漢民族、いったい今、何人になるのか？中国共産党は、四千万人まで入植すると言っています。いつ実現されるかは分かりませんが、私達ウイグル人が気になるところです。

**Q.** 兵団の中国新建集団公司が海外企業と取引する時は、正体を隠しているのでしょうか？

**A.** はい、正体を隠しています。例えば第十一師団建築工程師の一番大きな会社は「北新路橋」です。名前だけではこれが兵団の会社なのか、それも一つの師だけの会社なのかも分かりませんが、この会社は兵団最大の会社で、アフガニスタンとパキスタンの全てのインフラ設備を担っています。

四千五百社の兵団が持つ会社の中で、私がこの会社はそうだなと思われる二六五三社をリスト化しています。その中には、日本に入っている太陽光パネルに直接関わる兵団の会社もあります。

# 4 ウイグルジェノサイドの現在と国際社会

ウイグルジェノサイドは、中国共産党によるウイグル人の権利侵害や人権侵害が指摘されている問題です。

ウイグル問題研究で知られるエイドリアン・ゼンツ博士（アメリカにいるドイツの人類学者）は、中国の公式文書に依拠し、中国の「中華民族共同体」と「中国夢（中華民族の偉大な復興）」、そして世界進出実現のため、独特の文化を持つウイグル人を「強制収容所」に入れアイデンティティーを「中華民族に改造」、つまり漢化するために、ウイグルの地域で人口と密度を漢民族と逆転させようとして「強制不妊」を行い、ウイグル人口が減少していると国連に報告書を出しています。報告では、新疆での不妊手術の実施数は、十万人あたり二〇一六年の五十人未満から二〇一八年の約二五七人に急増しており、こうした行為は「ある集団での出生を妨げる目的で措置を課している」点で、国連のジェノサイドの定義にあてはまると主張しています。

ウイグルジェノサイドは、行われていると言うだけでは認定されません。国連或いはロンドンのウイグル法廷などにおいて、「ジェノサイド」の様々な証拠資料が提出されています。よく知られるのは証言者の証言ですが、他にどんなものがあるでしょうか。

そして、ウイグルジェノサイドを証明するために、国内のウイグル人は動く事ができず、動けるような人々は強制収容所にいます。在外ウイグル人は帰国すれば捉えられるため、現地調査してそれをデータベース化する事もできません。このような状況で、どのような人々が多大な援助の手を差し伸べ、ジェノサイド認定の証拠集めに協力してくれたのでしょうか。

ウイグルジェノサイドは、中国においてずっと隠蔽されてきましたが、二〇二二年、ウルムチの火事によって初めて、中国国内外の漢民族の「ウイグルジェノサイドを止めろ」と言う声が世界中に響きました。「ウルムチ火事」と「白紙運動」がどのようにして起きたのか、お話しさせて頂きます。

## ウイグルジェノサイドについての中国の言い分と作為されたテロ

「ジェノサイド条約」（中国も締約国）は、集団の構成員に次のような行為を加える事を「ジェノサイド（集団虐殺）」と定義しています。

1. 殺す。
2. 重大な肉体的または精神的危害を加える。
3. 集団の物理的な破壊をもたらす生活条件を故意に強いる。
4. 集団内の出生を妨げる事を目的とした措置を課す。
5. 集団内の子供を強制的に他の集団に移す。

このうち一つでも当てはまればジェノサイドと見なされます。

中国政府による組織的なウイグル人弾圧は、この全てに当てはまります。

ここで私が言っている「中国」の大半は、中国共産党政府の事です。中国では、中国共産党政府と中国国民の意見が一致しない場合が多々あります。多くの中国国民は、中国共産党が中国そのものだと勘違いするような教育を受けていますが、中国と言う時に、中国共産党と中国国民のどちらなのか、話の内容から分けてご理解頂きたいです。

中国共産党政府は、このように主張しています。

・新疆ウイグル自治区において、いかなる人権弾圧や強制収容所は存在しない。
・「再教育中心」において、テロ思想に染まっている者を教育している。
・新疆関連の問題をめぐる虚偽の報道と疑惑について、中国は繰り返し対応し、説明してきた。
・新疆の問題は人権や宗教、民族の問題ではなく「暴力的なテロリズムと分離主義との闘い」に関わる話だ。

さて、本当でしょうか。

中国は最初、ウイグル人を「民族（国家）分裂主義者」と言っていました。

二〇〇一年八月、アメリカは九・一一後のイラク戦争で中国の支持を取り付けるために、アーミテージ国務副長官が北京で中国政府の意を受ける形で、ありもしないでっち上げの「東トルキスタン・イスラム運動」を国際テロ組織に加えました。それから突然「国家分裂主義者」から「テロリスト」に変わったのです。しかしこの「運動」は、中国政府が作った一つの枠組みであって、気に入らないものをその中に入れるために作った言葉に過ぎず、「東トルキスタン・イスラム運動」という組織は存在しません。

アメリカも二〇二〇年十一月、「東トルキスタン・イスラム運動」には実体がないとして、テロ組織認定リストから除外しました。十年以上この組織が存在・存続する確証が得られていないと説明しています。ジョージ・ワシントン大学エリオットスクールのショーン・ロバーツ准教授は、「ウイグル独立派」とするテロ組織は存在するか、という質問に対し、「中国を脅かすほどのテロ組織はウイグルには存在しない」と言っています（毎日新聞 2022/5/25）。

別に「東トルキスタンイスラム党」という組織があります。九四〇年から一千年以上ムスリムであるウイグルに、一つのイスラム組織や党があるのは違法でなく正常な事です。二〇一〇年、NHKの国際放送でこの党のトップを取材しています。そこで彼は「東トルキスタンで、自分のお腹の子供でさえ生む権利がない多くの女性達のために、私は立ち上がった」と言っています。彼は、その後すぐに暗殺されましたが、NHK国際放送部にはそのビデオがあるので、確認される事をお勧めします。

習近平は「イスラム過激派によるテロとの戦い」と全世界に喧伝《けんでん》し、これを世界のメディアと人々は信じました。習近平はテロと戦っている英雄のイメージを上手く取り付けたのです。

しかしウイグル人社会と中国の一部の漢民族の方々は、当時からこの一連の「テロ事件」に異議を唱えていたのです。

二〇〇九年ウルムチ事件の発端は、広東省の韶関《しょうかん》市に労働力として移されたウイグル人の工場員達が、何の罪もないのに漢人の集団暴行で殴り殺された事が原因でした。中国公安は、通報されても中々現場に来ず、救えたはずの人命も失われました。世界のメディアは報じましたが、日本のメディアはこの暴行事件をあまり報道せず、その後のウルムチ事件の方をウイグル人「暴動」と未だに言っています。ウイグル人からすれば、ウルムチ事件は、韶関市で漢人による殴殺テロにあったウイグル人同胞のための抗議です。

二〇一三年十月、「天安門にウイグル人テロリストが車でアタックするテロ」事件では、燃えた車の中から燃えずに見つかった紙のクルアーン（コーラン）と東トルキスタンの国旗がやらせではないかと話題になりました。漢民族の心ある人々も、ウイグル人が北京で歩いているだけで、顔つきが違うために何回も止められて身分証明書を点検され、外国人以上に厳しく色々聞かれるのに、新疆ナンバーを付けた車が検問に近づけるわけがないと言っていました。

「ウルムチ駅での爆発」については、習近平がウルムチに行った時「ウルムチの駅や道路などがほぼ閉鎖され、鳥がウルムチの空を飛ぶ事も難しくなるほど警備が厳重だった」のに、「ウイグル人が駅で爆発物など笑える話」「共産党は何を考えている」という現地の声がありました。

この一連の「テロ事件」に対し、在外のウイグル人は、今でも中国政府に証拠提出と犯人達

ウルムチ事件　漢民族によるデモ

ウルムチ事件 ウイグル人による本当の抗議デモ

の情報公開、第三者の調査を要求していますが、受け入れられていない現状があります。

習近平政権がその「テロリスト」を処刑してからも、更に本格的に「テロ撲滅と宗教過激派のウイルスに感染したウイグル人達」を捕えて「再教育センター」などと称する強制収容所に送り続けているのです。この辺りから、世界は中国の本当の狙いは何だろうと注目し始めました。

上の右の写真が、ウルムチ事件の本当の抗議デモの様子です。この写真を提供してくれたのは、デモに参加したウイグル人学生で、今カナダにいる私の友人です。非常に平和的な抗議デモでした。その後、何故か二〜三枚の違う写真が出始め、沢山のウイグル人が捕まりました。殺されたウイグル人の中には、私達の知人やその子供達も含まれています。

上の左の写真は、その時ウルムチに来た漢民族によるデモです。この人達が手にしている鉄の棒は、ほぼ同じ長さで、政府が配ったのではないかという見方もあります。

日本の新聞が、漢民族が暴動を起こしていると報道した事は少ないのですが、メディア関係や学者の方々は、中立の立場で両方の話を聞いて、学者として人間としての正義感を持って報道して下さるようにウイグル人一同願っています。世界はそのような基準なのに、日本だけが違う基準で中国寄りの「ウイグル人暴動」と報道すれば、世界からどう見られるでしょうか。

私達ウイグル人が「ウイグル人テロリスト」と呼ばれている時、大きなニュースが出てきました。何と、中国共産党が作った「東トルキスタン・イスラム運動」と称した偽のウイグル人テロ組織が、アフガニスタンで捕まったのです。

二〇二〇年十二月二十五日付インド紙「ヒンドゥスタン・タイムズ」は、アフガニスタンの国家保安局が、中国人スパイ十人を首都カブールで逮捕したとスクープしました。女性一人を含むこの十人は、中国の国家安全部（ＭＳＳ）に属するスパイで、彼らは「東トルキスタン・イスラム運動（ＥＴＩＭ）」を装った偽の集団を作り、アフガニスタン国内で「本物のＥＴＩＭの活動」を妨害しようとしていたと報じています。習近平は怒ってアフガニスタンに飛行機を送り、この人達を連れ帰ったそうです。

このように大胆に、ウイグル人になりすましてテロ組織を運営する中国共産党政府のやり方は、世界を大変驚かせました。

日本でも中国政府が同じ様な事をやれば、日本国民の命・安全が脅かされるのに、日本では小さなネットニュースだけで、大きく報道されないのはどうしてなの？　と思ってしまいましたが、世界中のウイグル人は、中国政府は他の国でも、自分の言い分を通すためにウイグル人になりすましてテロ組織を運営して、他の国々の人々の安全と命を脅かすような卑劣な行為をするのではないかと心配して、色んなところに相談しています。私達ウイグル人は、このような事を行う中国共産党政府に断固反対し、また事実を明らかにするために、あらゆる方面で声を上げていきます。「ヒンドゥスタン・タイムズ」には今でも詳しい情報が出ていますので、調べてみて頂ければありがたいです。

世界にウイグル人をテロリストに見せかける事に成功する為に、「中国共産党製」テロ組織まで運営する中国政府は、ここまでしてウイグル人に何をしたいのか？　何故ウイグル人を「中華民族」にしたいのでしょうか。

「華夷之辯（天下秩序）」という有名な言葉があります。血縁・地縁・衣服・礼儀式などを全て同じものにしていく。異民族から少数民族にして、次に一地方の人にし、そして中華民族にする。私達は、異民族の「ウイグル人」から少数民族の「ウイグル族」にされ、そして今、一地方の「新疆人」と呼ばれています。

私は上海の大学でしたが、上海も昔は呉という国だったそうで、非常に独特な方言を話されます。発音は全く異なります。彼らも同じように、昔は呉の人だったのが、中華民族になり、今、上海人になっちゃったんだよ、あなた達もそうなるよ、と同級生が話していました。

異民族を中華民族にするには、国連や世界の色々な秩序があり、ウイグルは自分の文化・言語・社会を持っていて簡単には壊せないために、ウイグル人を民族分裂主義者からイスラーム原理主義テロリストにし、テロ撲滅運動と称して中華民族にしていく。一つの中国のやり方ではあるのです。

## 国際社会の動き

中国が「テロと戦っている」と言う一方で、嘘だと暴かれ、国際社会はこれに黙ってはいませんでした。

まずはイギリスの独立民衆法廷です。二〇二〇年十二月九日、イギリスの独立民衆法廷「ウイグル法廷」は、中国が「計画的、組織的、統一的な政策」として「長期的にウイグル族などの少数民族の人口削減」を行っていたとの見解に至り、新疆地区のイスラム系少数民族への虐待について、習近平国家主席をはじめとする政府の指導層が「直接的な責任」を負っているとの考えを示したうえで、ウイグル族にジェノサイド（集団虐殺）を行っていたと認定しました。

国連人権委員会は二〇二二年九月、「ウイグルに関する報告書」を出しました。この中で「ジェノサイド」という言葉は使わなかったものの「人道に対する罪」の可能性はある、また「差別的・恣意《しい》的な拘束は行われている」「拷問と虐待、レイプは行われている」と、はっきりと書いてくれました。

これには中国が大変怒りました。王毅首相は「ばかげてる」と反発し、外務省は「世紀の大嘘」「ウイグル問題は大嘘」と、国連の話もロンドン法廷も全て嘘だという見解しか言っていません。

国連はさらに、中国の新疆ウイグル自治区で「強制と奴隷労働が存在する」報告書も出しています。調査結果は「入手可能な情報の独立した評価」に基づき「新疆ウイグル自治区において、農業や製造業などの分野でウイグル族、カザフ族、その他の少数民族による強制労働が行われて

## 欧米諸国の政府・議会の対中共人権問題批判

| | |
|---|---|
| 2021年 | |
| 2月19日 | アメリカ政府「ジェノサイド」及び「人道に対する罪」に認定 |
| 2月22日 | カナダ議会「ジェノサイド」に認定 |
| 2月26日 | オランダ議会「ジェノサイド」に認定 |
| 3月22日 | アメリカ、カナダ、イギリス、欧州連合（EU）がウイグル問題で一斉に制裁を発表 |
| 4月22日 | イギリス議会「ジェノサイド」認定 |
| 5月 5日 | ニュージーランド議会「深刻な人権侵害」認定 |
| 5月20日 | リトアニア議会「ジェノサイド」認定 |
| 5月26日 | イタリア議会「深刻な人権侵害」認定 |
| 6月10日 | チェコ議会「ジェノサイド」及び「人道に対する罪」認定 |
| 6月15日 | ドイツ議会人権委員会「人道に対する罪」認定 |
| 7月 8日 | ベルギー議会外交委員会「ジェノサイド」及び「人道に対する罪」の非難決議 |
| 7月12日 | 米国務省大量虐殺等の防止に関する議会向け報告書で「ジェノサイド」と明記 |

## 各国政府・議会の動き

| | |
|---|---|
| 2022年 | |
| 1月21日 | フランス議会、ウイグル人権弾圧「大量虐殺」認定 |
| 2月 1日 | 日本・衆議院「対中非難決議」 |
| 8月17日 | 国連「ウイグル強制労働は存在する」「人類に対する犯罪」 |
| 8月31日 | 国連「重大な人権侵害・性的暴行・ウイグルの文化施設のマザールやモスクの破壊が行われている」と人権報告書に明記 |
| 12月5日 | 日本・参議院「国際社会が納得するような形で当該国政府が説明責任を果たすよう強く求める」 |

いる」と結論付けました。

このように調査報告書が出されても、中国は一向に嘘だと言っています。

## 「ウイグルジェノサイド」を認定した国々

そしてこれだけ〔89頁の表〕の国々が「ジェノサイド（大量虐殺）」と認定し、国によっては「ジェノサイド」と「人道に対する罪」の両方認定した議会もありました。

日本は衆議院と参議院が対中非難決議を出していますが、中国の名は避けながら「国際社会が納得するような形で説明責任を果たすよう、強く求める」と出しています。この日本の動きは大きな一歩として、アジアの中で、インド、マレーシア、インネシアなど色んな国に影響を与えてくれますので、今後、アジアの他の国々が続いてくれる事を期待しています。

中国外務省は、二〇一九年十二月、米下院が可決したウイグル人権法案を「バカな法案」と呼び、「アメリカも先住民を虐殺し、土地を奪い、同化政策を強制したではないか」と非難しましたが、これはもう、アメリカがしているから私達も虐殺して大丈夫と、自ら認めているようなものです。

中国の批判にも拘わらず、国際社会は、ウイグルジェノサイドが行われているという見方を強めていきました。それはどうしてでしょうか。

一つは、釈放された元囚人達によって次々に明らかにされた強制収容所の実態があります。盗撮、或いは中国政府が出した公的な資料からも、色んな事が見えてきました〔91頁①②③④〕。

## 強制収容所の実態

①

②

③

④

⑤トゥルスナイ

⑥オマル・ベカリ

### ◉強制収容所」内で行われている事

共産党と習近平への忠誠心のための洗脳教育／イスラム教への徹底弾圧／ウイグル語を禁止／女性に対し、謎の白い薬と生理が止まる薬品を注射、身体検査とDNA採取、髪の毛を全員剃られる／女性への集団レイプ／親と子供が別々の収容所に入れられている／突然いなくなる（臓器売買の対象か?）／衛生状況と環境・栄養が最悪なために人々は弱り、病気にかかって死んでいる／釈放された時にお金がなくなっている・理由をつけて金が要求される／AIなどによる徹底した監視／拷問と拷問による死／強制労働

（証言者の証言と「中国のウイグル人への弾圧状況についてのレポート（第２版）」（日本ウイグル協会HP 掲載）を合わせて筆者がまとめたもの）

その証言者達です。トゥルスナイさん〔91頁⑤〕が出演されたウイグル協会の「自由と人権を求める人々の叫び　ウイグル編」という映像が、日本で二つの賞を受賞したと聞きました。本当に嬉しいです。

オマル・ベカリ先生〔91頁⑥〕は、北京大学を出ています。彼はアムネスティの招待で来日し、多くの事を明らかにされ、NHKでも詳しいインタビューが放送されました。

## ウイグルジェノサイド認定の膨大な証拠資料と証言について

色んな方が、自分の命や、色んなものを差し置いて、中国の中にいる声を出せない人々のために、事実を世の中に伝えなければならないと行動してくれました。

ウイグル内からも、強制収容所から出てきた姉の写真を、妹さんが一瞬出してしまった事もありました。その姿はやつれ、まるでナチスドイツのホロコーストから出てきた人達と変わりない、ナチスのやった事と中国共産党がやっている事は同じだ、世界は二度とこのような事を起こさないと誓ったはずだと、大きな疑問を投げかけました。

「テロと戦っている」と中国政府は言いますが、実際に最初に連れて行かれた人々は、ウイグル社会各界を代表する人達です。

〔93頁⑦〕の方は、日本の大学で博士課程を出て博士号を取られて新疆大学の教授になった地質学の博士です。彼は無期懲役で死刑宣告され、執行はまだされていません。〔91頁⑧〕はポッ

プ歌手、〔91頁⑨〕は評論家です。まずこのような方々が連れて行かれ、重い刑を課されてしまいました。〔91頁⑩〕は、日本の石川の大学を出ている作家で、ウイグルでこの方を愛さない人はいないほどでしたが、彼も連れて行かれました。〔91頁⑪〕はマレーシアの留学生で、女の子が連れて行かれています。

〔91頁⑫〕は、先日から世界中で話題になっているウイグルの民俗学者ライラ・ダウット先生です。ライラ先生は二〇一七年から行方が知れず、二〇二〇年に強制収容所の監獄にいる事がわかったのですが、二〇二三年九月二十二日、中国の高官からアメリカを拠点とする権利団体「Dui

## 強制収容所に入れられた人々

⑩アブドゥカディル・ジュラリディン（作家）

⑦タシポラット・ティップ（地質学博士）

⑧アブラジャン・アユップ（歌手）

⑪グリズラ・タシメイメイト（留学生）

⑨ヤルクン・ローズ（評論家）

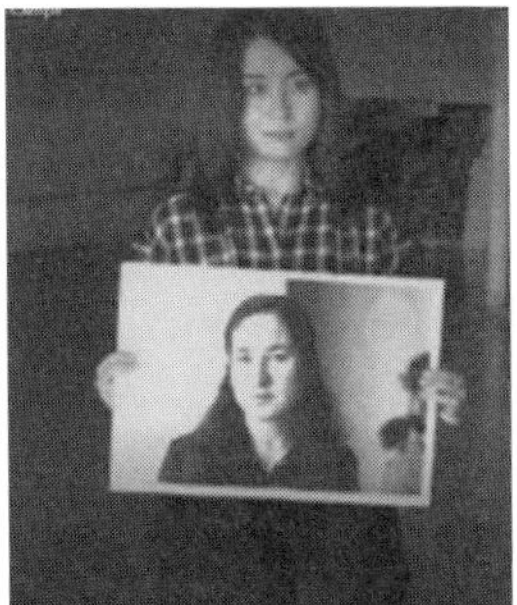

⑫ライラ・ダウット（民俗学者）

Hua Foundation」にもたらされた情報で終身刑が言い渡された事が分かり、ウイグル社会は大きな悲しみに包まれ、心が重い状況にいます。

ライラ先生は民俗学者で世界の学者達と交流があります。世界中の学者達やウイグル関係の人々、彼女を知る人々、また、ウイグル学者で詩や文学を専攻されるジョシュア・フリーマンさんのX（旧Twitter）で、ライラさんは「分裂主義者」であると中国政府に言い渡されたそうなのですが、彼女の罪は仕事に関係したものではなく「ウイグル人として生まれた事」に過ぎず、これを全部「リセットしてください」と言われたと伝えられ、世界中の学者達の間や様々なところで凄い話題になっているのです。

日本でウイグルに関わっている学者も、彼女の家でウイグル語を勉強したり食事をしたりしているのに、産経新聞に短い記事が出たくらいで、私達が知っている日本のウイグル学者は一文字も書いてないので、今後は良いウイグル学者と行動していきたいという話を、ウイグル社会はしていました。

## 「新疆公安ファイル」で明らかになった事

3章でも触れた「新疆公安ファイル」は、二〇二一年末にウイグルの南と北の二県の情報がハッキングされ、アメリカにいるエイドリアン・ゼンツ博士に渡されたもので、情報提供を受けた世界十四のメディア（BBC News〔英〕・ICIJ〔国際調査報道ジャーナリスト連合〕・USA TODAY

⑬「再教育施設」内部とみられる写真

| | | | | | | | | | |
|---|---|---|---|---|---|---|---|---|---|
| 502 | 500 | 7月26日（第十九批） | 五类人员 | 艾尔肯·阿依甫 | 男 | 653121196604120010 | 新疆疏附县托克扎克镇团结南路10号12号楼1单元111室 | 托克扎克 | 教育转化 |

⑭リストにはミフライ（上）さんの父親が

〔米〕・Finnish Broadcasting Company YLE〔フィンランド〕・DER SPIEGEL〔独〕・Le Monde〔仏〕・EL PAIS〔スペイン〕・Politiken〔デンマーク〕・Bayerischer Rundfunk/ARD〔独〕・NHK WORLD-JAPAN〔日〕・Dagens Nyheter〔スウェーデン〕・Aftenposten〔ノルウェー〕・L'Espresso〔イタリア〕・毎日新聞〔日〕）は、収容者リストに載っている人の家族への取材、流出写真の撮影情報の確認、衛星写真との比較、専門家への鑑定依頼などを行い、結果を共有して検証の精度を高め、信憑性が確認されたうえで、世界十九の報道機関が報道しました。

その中身は二〇一七年から一八年のものとみられ、「再教育施設」の内部と思われる多数の写真、二万人以上の収容者リストや顔写真、少数民族のおよそ三十万人分の個人情報、警備マニュアル、共産党幹部の発言内容などが含まれています。これにより、中国では〔95頁⑬〕のような事が行われている事が分かったのです。

これについても中国は「反中勢力による新疆ウイグル自治区を中傷する最新の事例だが、今までのやり方と同じだ。うそやうわさを広めても世間は欺けず、新疆が平穏で経済発展し、人々も幸せに暮らしている」とコメントしています。

## 在日ウイグル人にも強制収容所の犠牲者が！

「新疆公安ファイル」の中で、一つショックな事が判明しました。父親が強制収容所に入れられたと聞き、一時帰国して強制収容所で亡くなった東京大学大学院修士課程を出ているミフライ・エルキンさん〔95頁⑭〕の父親が、娘のミフライが日本からカシュガルに戻った事も亡くなった事も知らずに、マラルベシの新疆生産建設兵団の強制収容所で強制労働に携わっている事が分かったのです。一人の在日ウイグル人の犠牲者で、大変悲しい辛い話ではあるのですが、彼女は少なくとも三年前までこの日本で私達と同じ空気を吸って生きていたのです。

## ウイグルジェノサイド認定に貢献した人々

数々の資料や中国国内から証言者が出てきても、できなかった事がありました。それは強制収容所の位置を、中国は百度《バイドゥ》（中国最大のインターネット検索エンジン）やあらゆるものから消していて、証言者がいくらここに強制収容所があったと言っても、すぐに見つける事ができなかったのです。

ここで大きな貢献をしてくれた三人の漢民族の青年の話をしなければいけません。

一人は、張肖恩《シャンジャン》（Shawn Zhang）というカナダの中国人留学生です。彼は、最初は疑っていたと言っています。彼は、百度地図で白塗りされたすべての強制収容所の位置を、Google マップで何年も何年も前に遡って探しあててくれました〔97頁⑮〕。これにより中国政府も否定できな

⑮衛星画像を遡ると施設が表れた（左）。「百度地図」（右）では白塗り表示となる。中国大陸でGoogle等は利用できない。

いような、証言者達の強制収容所の位置が、昔なかった所にあった事が地図で証明されました。張肖恩は、Xにも沢山証拠資料を出していますので、フォローして励まして頂きたいです。

もう一人、ウイグル人が行けない村々に、漢民族の青年だから旅行者として行って、多くの地域で家々が廃墟化し人がいない。ここに住んでいた人達は強制収容所に入れられてしまって、家が廃墟化している事を全部ビデオに収め、明かしてくれました。

また、張肖恩が探して地図の上で見つけてくれた強制収容所を、別の中国人の青年が「漢民族の私達なら入れるから私が行きます」と車で現地に行ってビデオに収めました（https://youtu.be/cl8bJO-to8I?si=j_4pJpnTr-aKEj3h）。これは全て本物であると、関係機関で確認されています。

皆んな命を張っているのです。このような方々の尽力があって、ウイグルは各国において、証言に加え、確固たる資料を提出する事ができました。

ウイグル問題を話すとき、日本ではいかにも漢民族とウイグル族の民族問題になりがちですが、そうではありません。中国＝中国共産党ではありません。関心を寄せて正義感を持って中立でもって公平に見て頂けるようにお願い致します。

## 欧米諸国の政府や議会に批判されるウイグル人ジェノサイド

このような証拠が沢山出た以上、欧米社会は大変厳しく中国を批判しています。

アメリカのポンペオ元国務長官は「ニクソン大統領の歴史的な訪中によって我々の関与戦略は始まった。その後の政策当局者は中国が繁栄すれば、自由で友好的な国になると予測したが、関与は変化をもたらさなかった」と述べ、アメリカは対中政策を変え、「習近平国家主席は破綻した全体主義思想の信奉者だ」「自由主義の国家は行動する時だ。今、行動しなければ中国共産党が自由を侵食し、自由社会が築いてきたルールに基づく秩序を破壊するだろう」と連携を呼びかけました。

イギリスのドミニク・ラーブ外相も、新疆ウイグル自治区で「おぞましく、甚だしい」人権侵害が起きている。イスラム教徒への不妊手術の強制や他の迫害行為について「長年みられなかった事を思い起こさせる」と、ナチスドイツによるユダヤ人虐殺のような事を、今、中国共産党がウイグル人にやっていると非難されました。

これにより、HUAWEIなど中国の有名企業や、新疆ウイグル自治区トップである陳全国など、当時のトップの人達に制裁を加えました。アメリカを代表するFOXニュース、イギリスを代表するBBCなど、沢山報道してくれました。日本においてはNHKも沢山報道してくれたように私は記憶しています。またアメリカは、所謂この人権法案を通すだけではなく、アメリカにいるウイグル人弁護士を米国際宗教自由委員会（USCIRF）の委員に起用するなど、様々な対策をとってくれたのです。

二〇二〇年七月フランスは、独立人権監視団の派遣を求めました。中国側は、ウイグル人をめぐる疑惑は「デマだ」と言いましたが、ジャンイブ・ルドリアン仏外相は、はっきりと「容認できない」「断固糾弾する」と述べました。

こんな事をしてはいけない、虐殺は許せないと、二〇二〇年からはっきり色んな国の外相達が言う環境にはなってきました。

## 「ウルムチ火事」と「白紙運動」

ここまで国際社会はウイグルジェノサイドをどう見ているのか、という話をしましたが、その国際社会には中国も含まれます。中国共産党とは別に、中国国民はこのウイグル問題、ジェノサイド問題をどのくらい知っていて、或いは知らないのか、どう見ているのか。最後にウルムチの火事と白紙運動を連帯させながらお話しします。

私達に絡んでくる人の中には、稀にウイグル問題を正しく見ている人がいます。一人はアメリカにいる漢民族で、彼はいつもウイグルのために発言しています。北京出身のテンビョウ先生は、Xのトップに「Stop Uyghur Genocide」と固定されています。

私達にいつも、お前嘘ついてる、お前テロリストだ、消えろと、見るに堪えない言葉で絡んでくる人達は、いかにも代表的な中国国民と思われがちですがそうではないのです。中国の一般社会で「五毛党《ごもうとう》」と言われる人々で、中国の漢民族の代表ではないのです。これはウルムチ火事による「白紙運動（何を書いてもインターネットの検閲で削除されてしまうので、白い紙を持って抗議する）」で、より一層明確になりました。

二〇二二年十一月二十四日、ウルムチで火事が起きました。これは中国の「ダイナミックゼロ（新型コロナの感染者を一人も出さない）対策」と関連しています。しかしながらそのゼロコロナ対策は効果がなく、過去最多の感染者数を記録していました。ウイグル人の富裕層が住む大バザールの近くの大きなビルで火事が起きて、当局が死亡者は十人だと言うのですが、その前の段階で、ラジオ・フリー・アジアの取材により、消防と病院は既に二十二人が亡くなり運ばれた九人も生きられないかもしれないと言っていたのです。

窓から火事を見ていた漢民族の女の子が、四十四名のウイグル人の犠牲者の中に、女性と子供しかいなかったと言い、病院もこの情報を出したのです。彼女はすぐに捕まってしまったのですが、十人というのはないとウイグルタイムズが全て調べ、犠牲者の数は四十四名で、亡くなったのは女性とその子供達で、成人男性はいなかった事を明らかにしたのです。

このニュースが、ウルムチの事情を知っている医者、消防、或いは見ていた漢民族の人々によって、中国国内にもたらされました。原因の一つはゼロコロナ政策で、道路に障壁が設けられ、消防車がビルに近づけなかった。また、部屋のドアや非常口扉が全部外から封じられ、彼らは逃げる事ができず亡くなった事が、中国国内に広まりました。

政府はこれを否定し、中国のソーシャルメディアで共有されたウルムチでの大規模な抗議は、二十六日までに削除されました（https://www.bbc.com/japanese/63771287）。

抗議活動は全国に飛び火し、北京や上海、広州、湖北省武漢など十以上の都市で大規模な抗議活動が行われたとみられています。〔101頁⑯〕はデモの現場となった上海のウルムチ中路で「烏魯木斉《ウルムチ》中路」の道路標識があったのですが、これも外されてしまいました。

私はその多くの中国国内の写真なども出したかったのですが、中国国内で生活している漢民族の写真を出す事で、その人達に悪い影響があったら良くないと思い、出しませんでした。

彼らは海外にいるウイグル人〔101頁⑰〕です。この時は世界中のウイグル人が起ち上がって声を上げました。天安門事件の学生指導者でウイグル人のウアルカイシはじめ、中国の民主化運動を応援した時のように、ウルムチ火事の犠牲者四十四人のために外に出た漢民族の民主化運動

⑯上海のデモ現場「烏魯木斉中路」の道路標識が外される

⑰連帯して抗議活動に参加した在外ウイグル人

を、海外のウイグル人も外に出て応援しました。

ウイグル人は誰かを敵視したり、憎んだりという事ではなく、ただ人道に対する罪を行っている中国共産党を止め、まとまるような国、政府になってほしいと願っています。この時もウイグル人が訴えたのは、あなたの命と私の命は同じ命として、捕まった人々、抗議する事で殺されるかもしれない漢民族の人々に応援を送り、大変良い雰囲気を醸し出しました。

世界や日本の反中・反日意識にとらわれず、人間の尊厳として、未来のためにジェノサイドを私達の手で止めるという一つの意志のために、ウイグル人も立ち上がってきました。

最後に、私は大変良い話を聞きました。

アメリカにいる回族のイスラム学者の馬聚先生達が開いたクラブハウスで、漢民族中心で、私達も参加したのですが、そこである漢民族の青年が「私達漢民族は、ウイグルにいる事、或いは自分が植民地化しているウイグル、チベット、モンゴルについて恥じるべき時が来た。黙って出て行くべき時が来た。私達はそれを知るべきだ。侵略者は侵略を恥じ、植民地から黙って出て行くべき時が来た」と話されました。馬聚先生は「二十一世紀の文明人は私を満足させた」とコメントされ、これを沢山の人々が聞きました。

ウイグルは今後どうなるか分かりませんが、日本はやはり黙っていないで、もう少し声を上げるべきです。

ここで、アメリカにいる中国の学生達の表明を紹介します。「新疆の強制収容所を閉鎖せよ。私達漢民族は、ウイグル人が迫害を受けている事にいつまでも何も感じないままではいない」と、

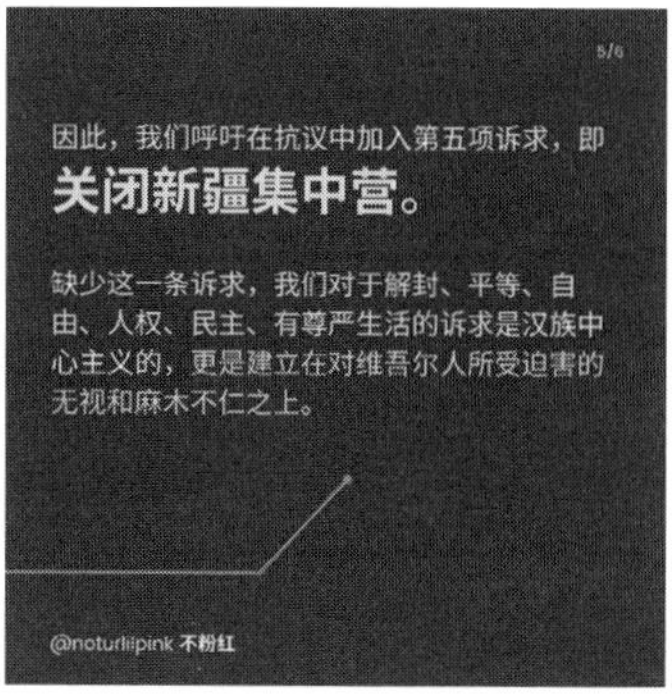

⑱アメリカの中国人留学生グループのSNS

はっきりと意思を示しています。〔103頁⑱〕

これが国際社会の中の中国共産党とは違う中国国民の行為であり、欧米、日本、中国におけるウイグルジェノサイドに対する見方をお話しさせて頂きました。

5

# 新疆生産建設兵団はウイグルジェノサイドの担い手

ウイグルジェノサイドにおける兵団の役割と、その詳細を明らかにした国際研究は、どの機関がどんな研究をされているのか紹介します。

習近平国家主席は、直接兵団に指示する文書を出しています。この習近平の政策に影響を与え、強制収容所や様々なウイグルジェノサイドの元になっている「中華民族共同体」「中国夢」を後押ししている中国国内の「学説」と、その関連についてお話しします。

## ジェノサイドにおける兵団の役割についての国際研究

国際社会・国際メディアは、「兵団はウイグルジェノサイドにおいて核心的役割を果たしている」と非難しています。何を根拠に非難しているのでしょうか。

ウイグルジェノサイドが国際社会で話題になり、問題視されてから、多くの証拠や証言が出されていますが、それとは別に、国際的な機関でこの問題が研究されています。具体的にウイグルジェノサイドの何をどのように、どこが、誰がこれを担ってやっているのか。主ないくつかの機関の研究成果を紹介します。

ウイグルジェノサイドを担っている兵団の役割を詳細に研究しているのが、イギリスのシェフィールド・ハラム大学ヘレナ・ケネディセンター（Sheffield Hallam University Helena Kennedy Centre）です。「Until Nothing is Left（何も残らないまで）」という報告書は、兵団により、どのようにウイグルの資源が略奪され、強制労働で生産され、世界に流れているのか。ウイグル人が何故、自分達の土地で漢民族との経済差が広がり貧乏になっていくのか、非常によく研究されています。

この報告により、日本でも、太陽光パネルと強制労働の関係が注視されるようになりました。日本企業でウイグルの強制労働により生産されている綿が使われていることも問題になり、大手のグンゼがウイグル産のコットン（新疆綿）の使用を止めることになりました。ウイグル産トマトも強制労働によるもので、世界のサプライチェーンとどう繋がっているのか、中国側の色んな資料を使い、解明しています。

この主な研究を担っているのは三人の先生です。一人目がデビッド・トービン（David Tobin）

ウイグルジェノサイドに関する研究報告書

先生です。シェフィールド・ハラム大学の教授で、アジア研究で知られ、私もその研究調査報告書や論文をよく読んでいます。二人目のローラ・マーフィー（Laura Murphy）教授は、先日日本で開催されたウイグル国際フォーラム（二〇二三年）の登壇者の一人です。三人目のニロラ・エリマ（Nyrola Elimä）は、ウイグル人の鋭い研究者でサプライチェーンのアナリストです。この三人はウイグルジェノサイド問題が世に出てから多くの研究を一所懸命やっています。

もっと強制収容所と兵団の関わりや具体的な役割について研究しているのは、アメリカのC4ADSというNGOの研究機関です。「Long Shadows（長い影）」という報告書は、ジェノサイドを知りたい人達にとって重要な報告書になっていて、非常に具体的に、例えばどこの強制収容所の強制労働工場で作られた太陽光パネルが、世界のどの企業の、どの製品に使われているかを特定し名称を出しています。日本のあるファストファッションの衣類は、中国のどの強制労働所で生産されているコットンが、どのルートで辿り着いているのかも書かれています。これは日本の企業も関係するので、読んでみて頂きたいです。

もう一つアメリカにあるウイグル・ヒューマン・ライツ・プロジェクト（Uyghur human Rights project）は、ウイグル産フルーツなどが世界中の消費者にどのようなルートで届いているのか調査した報告書を出しています。ウイグルの機関でありながら、外からイギリス・フランス・アメリカの有名な研究者を招いて第三者目線で研究されており、その点で大変信頼がおけるものです。

また若きウイグル人研究者で、ヨーロッパやトルコを拠点にするヤルクン・ウリウル（Yalkun

Uluyol）が、Uyghur Rights Monitorを作り、ウイグルジェノサイドと新疆ウイグル自治区のトップ・新疆生産建設兵団のトップ・警察や政府の役割について調査したものを分かりやすい図解にまとめています。「https://medium.com/@uyghurrightsmonitor」で、彼や彼のチームの研究報告や論文などを見ることができます。自動翻訳も発達しているので、興味がある方は是非見てみてください。

　これらの研究により、兵団が担うウイグルジェノサイドの詳細が証明されたと言われています。

Sheffield Hallam University Helena Kennedy Centre の研究者

デビッド・トービン

ニロラ・エリマ

ローラ・マーフィー

Uyghur Rights Monitor に出されているヤルクン・ウリウルによる論文の見出し

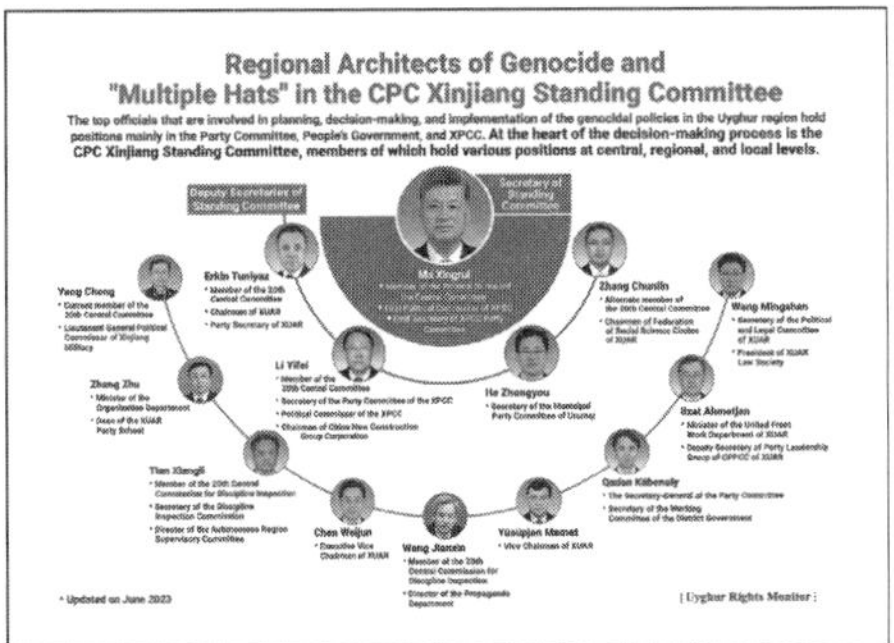


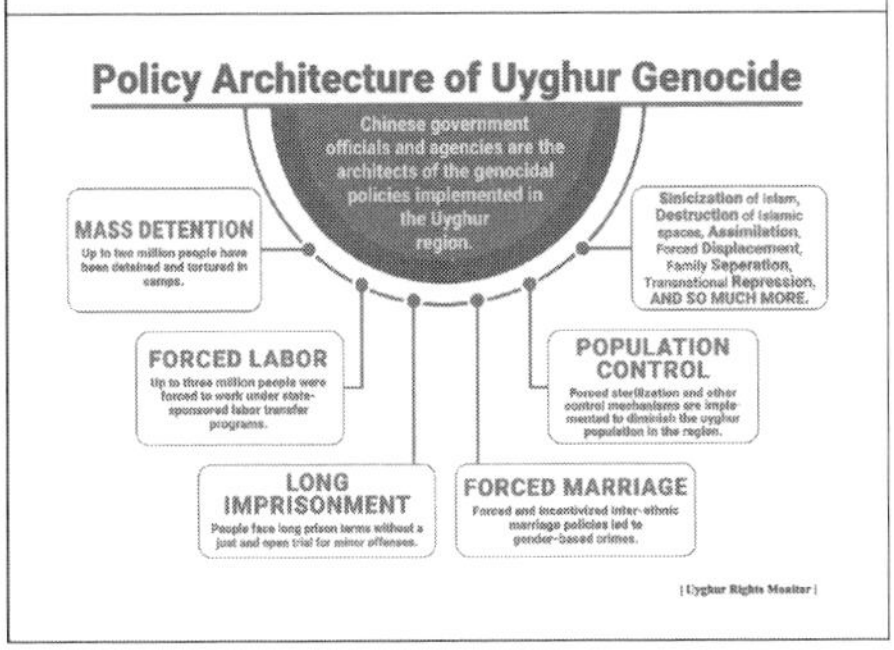

## 兵団が担うウイグルジェノサイドの詳細

その具体的な内容です。

ウイグル人の拘束、強制収容所の運営、強制収容所に収容された人々を兵団の監獄に移し、隣接する兵団の工場で強制労働させる。収容所に入れられたウイグル人の土地や家屋を押さえる。宗教弾圧。言語の強制。ウイグル人を強制的に工場地帯の仮の住居に移動させ、余剰労働力として兵団の工場で監視の下で働かせる。

ウイグル人の家に、兵団から漢民族の「兄弟・親戚」が入り、寝起きや食事を共にして監視する。そして、ウイグル人の家庭の核を壊す。子供を親元から離して、親を強制収容所に、子供を孤児院に入れて軍事教育をする。ウイグル人と漢民族を強制結婚させて、純ウイグル人ではない子供を産んでもらう。国際社会でジェノサイドの直接認定に繋がった強制不妊手術・出生率の抑制もここに含まれます。

その証拠の具体例を挙げていきます。

兵団の監獄に隣接する工場で強制労働させられるウイグル人について、ラジオ・フリー・アジアが報じています（https://www.rfa.org/uyghur/xewerler/turme-yerlirini-xitaylar-hoddige-alidu-10022023103008.html）。これはウイグルのホータンのケリヤにある兵団の監獄で、一つの監獄だけで一〇万ム（約六十七㎢）の土地を持っています。工業地帯として「開発された」紡績工場・

セメント工場・靴下工場・木材工場・手袋工場など十以上の工場があり、ラジオ・フリー・アジアが電話して聞いた話によると、監獄の中にいる一万人以上の人がその工場で毎日働いており、その中にはホータン師範学校の教師が三十名以上含まれている。この人達の罪状について、電話に出た兵団の監獄の人は、回答を拒否しています。

ウイグル人の家庭の中まで兵団の手が伸びているというのは、どういうことでしょうか。

これもラジオ・フリー・アジアのニュースで、アメリカにいるミヒリグリ氏（強制収容所から生還した証言者の一人）が、両親が強制収容所に連れて行かれた子供達が、夏休みに子供強制収容所の中で、兵団の兵士が子供達を「愛国者」の軍人として小さい時から訓練させていると説明しています。この映像は私達ウイグル人に大きな衝撃を与えました。

子供強制収容所の軍人教育（RFA）

ウイグル人の家を壊し、人々が移動させられていると述べましたが、ウイグル人の家というのは、お庭があり、葡萄の棚があって、果樹園がちょっとあり、家畜もいて、自給自足の暮らしで、緑の少ない環境でも家の中には緑が集中して非常に綺麗になっているのですが、これも駄目です。代わりにテーブルと簡易なソファが置かれている。家の中でのウイグル風な暮らしも駄目なのです。ここまで手が伸びているということです。

彼らはどこへ移されているのかというと、〔111頁①〕は兵団が出している映像で、マラルベシにいたウイグル人が、新しく作られたこの場所に移され、中国の現代文明的な暮らしを始めたというものです。ウイグル人は自分の土地から離されて、管理しやすい、監視しやすい同じ作りの家が建ち並んでいるこの場所に移され、暮らしていることになっているのです。このような家が今ウイグルの各地域に作られ、ウイグル人が移されています。本来のウイグルの家は、私達の祖父母、或いは祖先は〔19頁⑳〕のような家を作って生きてきたのですが、全て廃墟にされ、別の所で生きていくことを余儀なくされているのです。

ウイグルの生活文化も壊され、今、ウイグル社会そのものが大きく変わろうとしています。強制結婚は以前から話題になりましたが、強制結婚の相手が兵団の結婚できなかった兵士であることも多くの証言が出ています。衣服についても、この写真で見る限りごく普通のファッションなのに、「イスラム過激派ウイルスに感染」した人の長い洋服として、道端で切られています〔111頁②〕。

最近SNSで、小さな男の子が、自分の民族は何族かと聞かれて「中華民族です」と答えていて、ウイグル人は今、私はウイグル族と言えない、そういう環境の中にいるのだという情報も届いています。

ウイグル人児童への漢語教育も強化・徹底されています。言語において、学校などでウイグル語を話すことが禁止されているだけでなく、外見でも、ウイグルの民族服ではなく、漢民族の民族衣装や軍服を着て教育を受けている子供達の写真も沢山出ています〔111頁③〕。

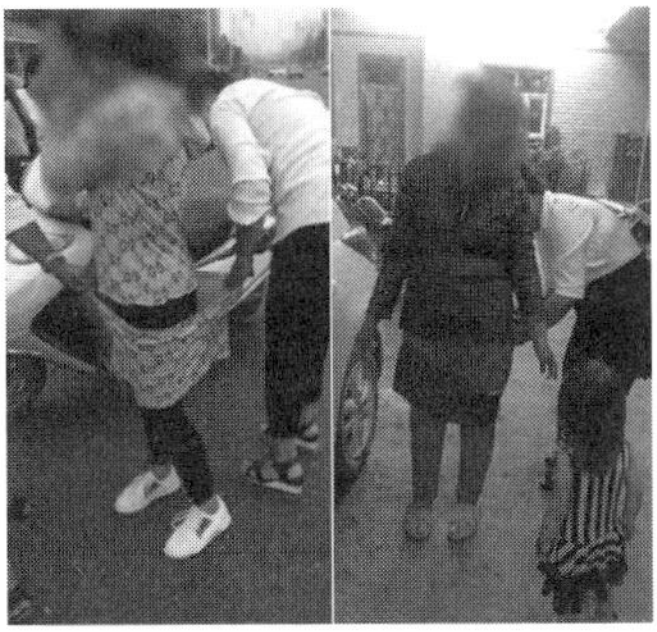

②道端で切られる「長い洋服」

③ウイグル人児童の漢化教育

①移送先の「兵団住宅」
左奥に工場らしき構造物が見える

伝統的なウイグルの家が
破壊されている

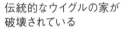

ウイグル人家庭への漢人の強制ホームステイでも、主にウイグルの男性達が連れ去られて女性しかいない家に、〔113頁④〕の写真には男性の軍人が一人しか映っていませんが、家にウイグル人が三人いたら、兵団の「親戚」も三人全員男の人が来て、女性だけの家で寝起きし、一週間に渡って一緒に食事をしたりすることになっていると多くの証言があります。上の写真では、母親が若い娘を庇《かば》うように自分のちょっと後ろに座らせていて、この位しか抵抗の手段はなかったのかとも見受けられました。

大変なウイグル人の精神世界への冒涜《ぼうとく》であり、傷つけられるものですが、ウイグルの歴史的な名遺跡やモスクなどは、トイレやカフェ、宴会場にされて、そこでお酒を飲んだり踊っていたりする漢民族の写真も出ています〔113頁⑤⑥〕。

強制収容所の強制労働工場で作られたかつらなどが、国際的に売られているニュースが出ていますが、これらは強制収容所に入れられる時に髪の毛が全部切られて製品にされているとの証言もあります。特に化粧をする文化のある欧米や日本の市場で、大変よく売られているということです。

断種、不妊手術の強制により激減するウイグル人の出生率のデータも、多くの研究機関によりメディアに流れています。

新疆ウイグル自治区における十万人あたりの不妊手術数は、二〇一〇年二〇（全国平均一四三）から二〇一八年二四三（全国平均三三二）に、強制的な女性の子宮内避妊具（ＩＵＤ）の装着数は、二〇一〇年五〇六（全国平均三五二）から九六三（全国平均二一）に急増しています（CNN）。

それに伴い、新疆ウイグル自治区における千人当たりの出生率は、二〇二一年過去最低の六・一六人（全国平均七・五二）に下がり（「西日本新聞」2022/10/22）、あわせて漢民族の入植が沢山増えているので、自治区の民族構成に占めるウイグル人の割合は、一九四五年七六・四％（漢民族五・五四％）から、二〇〇四年の時点で四五・七三％（漢民族三九・七五％）になっているのです（peace and liberty for East Turkistan. ウェブサイト）。

④ウイグル人の家庭への漢人「親戚」制度

⑤カフェにされたモスク

⑥漢人旅行者向けの宴会場にされたモスク

⑦強制収容所製のかつらが市場に出回っている

## ウイグル人の弾圧を指示する中国共産党の内部文書

ジェノサイドを指示する中国共産党の内部文書も、大分明らかになりました。

ニューヨーク・タイムズが明かした内部文書に掲載されているウイグル人弾圧の命令書で、新疆共産党の副党首及び治安当局の最高責任者を務めていた朱海侖のサインがあるものを日本語に訳してみました。

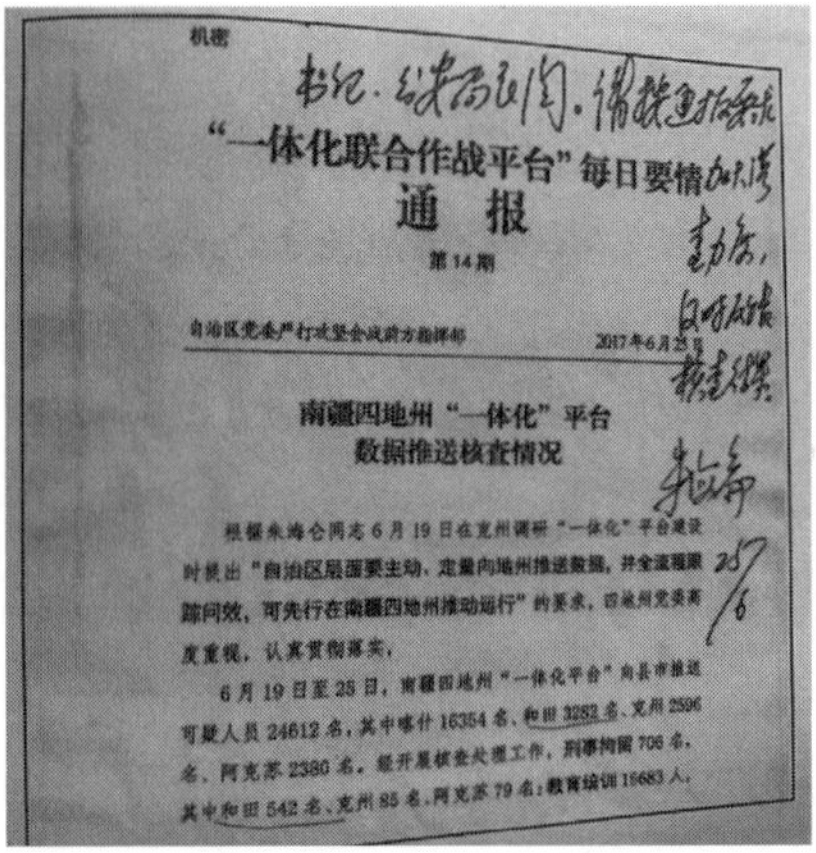
机密

"一体化联合作战平台"每日要情

通　报

第14期

自治区党委严打攻坚会战前方指挥部　　2017年6月25日

南疆四地州"一体化"平台
数据推送核查情况

根据朱海仑同志6月19日在克州调研"一体化"平台建设时提出"自治区层面要主动、定量向地州推送数据，并全流程跟踪问效，可先行在南疆四地州推动运行"的要求，四地州党委高度重视，认真贯彻落实。

6月19日至25日，南疆四地州"一体化平台"向县市推送可疑人员24612名，其中喀什16354名、和田3282名、克州2596名、阿克苏2380名。经开展核查处理工作，刑事拘留706名，教育培训15683人，其中和田542名、克州85名、阿克苏79名；

「一体化連合作戦プラットフォーム」
毎日要報告
（新疆ウイグル）自治区党委厳打堅会戦
前方指揮　　　　　2017年6月25日

| 南疆4地区 | 容疑者 | 刑事拘留 | 教　育 |
|---|---|---|---|
| カシュガル | 16,354 | 8,223 | 8,131 |
| ホータン | 3,282 | 542 | 2,740 |
| キルギス | 2,596 | 85 | 2,511 |
| アクス | 2,380 | 79 | 2,301 |
| 合計 | 24,612（人） | 8,929（人） | 15,683（人） |

これを見ると、一週間で、ウイグル南部四地域において二万四千人が拘束されており、そのうち九千人近くが刑事拘留、他の人が再教育施設（強制収容所）に行かされています。この数について、どうも先に数字が与えられて、その数字に合わせて一週間でパッとこの人達は集められているのです。

この人達が、どのような罪で集められ、刑を科されているのか、「新疆公安ファイル」に滑稽なデータが出ているので見ていきます。

連れて行かれた人々の最年少は三歳、最高齢は八十歳を超えています。これらの人々が犯した「罪」は示されています。それを見ると、この人達の中に、何か組織した、爆弾物を作った、或いは危険な言葉を発した、東トルキスタンという言葉を口にした、という人は一人もいないのです。

⑧　阿瓦姑丽・拜克热
Hawagul Bekri
Age in 2018: 25
Internment status:Re-education
Location interned:New Internment Camp
Sentence length: Unknown
Blood type: Unknown
Reason for internment:
Category 5 | Illegal study of scriptures
Reason for internment(Chinese)：
第五类非法学经

アワギュルさんは第五類に分類され、「小さい時にコーランを勉強した」罪で捕まっています〔115頁⑧〕。ルズワングリさんはもっと滑稽な罪で、第四類の「応収尽収（集められるべきは全部集めて一つも無駄にしない）」〔116頁⑨〕、これは大躍進時代に畑の穀物を無駄にしない為に穀物に使った言葉で、ここでは、この人は集められるべき人だから集めたという意味です。ヌルグル・アブドケリムさんは「非法の説教をネット上で聞いた」〔116頁⑩〕、人生相談をどこかにしたのです。それで集められているのです。日本に何年か住んでいたアブドラフマン・ハサンさんは、妻をずっと探し続けていましたが、「新疆公安ファイル」により、妻のトゥンサグル・ヌルメメットさんは何か「近所とトラブルを起こした」罪で十六年の刑が科せられた〔116頁⑪〕ことを知るのです。

要するにこの人達は、数字に合わせて集められ、五類に分けた罪を渡し、刑事拘留・強制収容されているのです。

この構造を見ていると文革の時と変わりません。

シカゴ大学の王友琴教授が、文革の受難者に関する優れた著書や論文を出されています。「新疆公安ファイル」で受刑者の「罪」が「第五類」や「第四類」に分けられているのを見て、王教授の論文を日本語に訳してみましたが、その論文には、文革の時も人々を「類」に分けて迫害し、ジェノサイドが行われた。毛沢東は北京大学で七％右派が存在すると言い、当局は七％の人数に合わせる為に教授らを連行した事が書かれていますが、今ウイグルでそれと同じことが行われて

⑨ 热孜宛古丽・艾散
Rizwangul Hesen
Age in 2018: 26
Internment status: Re-education
Location interned: New Internment Camp C216
Sentence length: Unknown
Blood type: Unknown
Reason for internment: Category 4 I Receivables
Reason for internment(Chinese)：第四类 / 应收尽收

⑩ 努尔古丽・阿卜杜克热木
Nurgul Abdukerim
Age in 2018: 19
Internment status: Detained
Location interned: Unknown
Sentence length: Unknown
Blood type: Unknown
Reason for internment: Listen to Illegal Taiblik
Reason for internment(Chinese)：收听非法太比力克

⑪ 吐尼沙姑力・努尔麦麦提
Tunsagul Nurmemet
Age in 2018: 22
Internment status: imprisonment
Location interned: Unknown
Sentence length: 16 years
Blood tvDe: Unknown
Reason for internment The crime of gathering a crowd to disrupt social procedures, the crime of picking quarrels and provoking trouble Reason for internment(Chinese)：聚众扰乱社会程序罪、寻衅滋事罪

いる。中国共産党の歴史において、ジェノサイドは繰り返されているのです。

## 習近平の兵団への指示

習近平は兵団に対し、兵団が鍵を握り、新疆を守り、長期的に新疆社会を安定させる新疆工作において「重要な戦略の力量、新疆経済社会発展の重要力量、各民族の交流と交融の重要な力量」であるとの考えを示し、「三大功能（新疆を安定・固定させる器、各民族を凝集させる大溶炉、先進生産力と先進文化の師範区）」と「四大作用（社会の構造を調節する、文化交流を促進、区域の協調性の促進、人口資源を優良化させる）」を実現する為に「兵団が南に発展することは決定的な手である」と直接指示しています（「Xinjiang Paper（新疆文書）」）。

彼は、兵団が鍵を握り、民族を全て一つの中華民族に民族共同体として溶かしていく為に、他民族の人口をウイグル人から上回らせるような役割を果たすと言っています。このような行動に出たのは、中国国内の「学説」がそれを後押ししているといわれています。

## 中国国内の諸「学説」

習近平と大変仲が良いという胡鞍鋼教授（清華大学中国科学院国情研究中心）は、これまでの中国の各民族が自分の言葉を使う政策は不安定過ぎた。それでは中華民族は発展しない。「中国夢的基礎是中華民族的一体化（中華民族と中国が世界一の強大な国になる為に、中華民族は一体に

「南開レポート」(恐らく誤って)インターネット上で公開されたが削除された

ならなければいけない)」、要するにチベット・モンゴル・ウイグルは、全部自分の言葉を捨てて中国語を使い、漢民族と同じ思想で、中国共産党に忠誠でなければならないと言っているのです。この「学説」が、習近平の政策に取り入れられた可能性があると言われています。

二〇一九年十二月、中国天津市の南開大学が出した通称「南開レポート」(「新疆和田地区维族劳动力转移就业扶贫工作报告」(新疆ホータンにおけるウイグル族労働力移転による貧困支援工作報告)」中国財富经济研究院智库报告-1009)で、「ウイグル人に対して今の辣腕《らつわん》政策は短期的に効果があり、続けるべき。長期的にウイグル人を中国の中部や南部地域に移転させることによって新疆におけるウイグル人口の密度を減少させ、感化、溶化、同化する」と書かれています。いつまでも強制収容所でウイグル人を「改造」するのは限界があるので外に出そうと、研究レポートに学説として出ているのです。

二〇二二年八月、新疆ウイグル自治区党委が「中国の十年・新疆」という会見をウルムチで行い、「この十年において、ウイグルの農村から三百万九八八〇人を移して就業させた」と発表しました。農村で農業を営む人々が、ウイグルの土地や家屋から離れ、中国内地の工場などに移される映像なども度々目に留まるようになりました。同時に、兵団が大々的に「好条件で内地からの漢族を家や土地付」で募集をかけており、「三十五歳以下の漢族が兵団に来れば、一定の農地、果樹園や森林が与えられ、大卒だと月給七千元」「二〇二二年に兵団の市だけに三万八千七百人が就職した、募集は続いている」ということです。兵団が内地から入植する大勢の漢民族の受け皿となり、移転させられたウイグル人の土地と家を彼らに与えているのです。

さらに過激な「学説」は、新疆社会科学院の李暁霞民族研究所長のウイグル人口問題とその政策に対する研究論文がいくつかあり、彼女は、ウイグル人の人口が新疆に入植した漢族より出生率において上回っていることを上げ、「南新疆の人口を問題視すべき、人口が急に増えると土地や水資源が足りなくなる。漢人の人口と差が広がり、政治的に危険」と書いています。その解決策として「新疆ウイグル自治区に入植させる漢人を南新疆中心に増やすのと同時に、ウイグル人の出産率を強制的に抑える」提案をしています。

彼女は、一九五八年、中央の第二十五カ年計画決定により新疆に入植させられた漢人の数は二百万人であったが、その後このような大量の入植が下降したとしています。また、ウイグル人はじめ非漢民族の人口増をコントロールすること、新疆に住む漢民族の出産制限を解消（新疆生産建設兵団は、漢民族が三人以上子供を産むことを推奨）すること、ウイグル人の人口を余剰労働力として内地に移すことなどを推奨しています。ウイグル人は沢山子供を産むので増えすぎるから問題だ、まずは出産率を抑えて、生まないことにしよう。そして、ウイグル人をバラバラに内地に移し、そこへ代わりに中国人が住むようになれば問題は解決すると訴えているのです。

中国国内のこのような「学説」に世界は大変驚いています。学問の世界では、これは「学説」とは呼べない、他の民族・文化を壊すナチス顔負けの一種の過激な思想と言わざるを得ないと評価されています。今日はそのような諸「学説」が、政策に影響を及ぼしている事をお話しさせて頂きました。

## 6 日本と世界はどのようにしてウイグルジェノサイド及びウイグル強制労働と結びついてしまったのか

「一帯一路」とウイグル、新疆生産建設兵団との関連、また、何故世界の有名企業・私達消費者まで、ジェノサイドの担い手である生産兵団の企業と繋がってしまったのか。

そして、欧米で制裁を加えられて排除された太陽光パネルが日本に入ってきています。問題は、エネルギー問題とは別に、日本が購入している太陽光パネルを製造しているのは、強制労働をさせているウイグルジェノサイドの担い手である新疆生産建設兵団の企業、すなわち中国の軍事企業だという事です。日本は、自国の軍事研究や開発には大変敏感で、国防の予算についても盛んに討論されます。しかし他国の準軍事企業に日本国民のお金が流れている事についても、同様に安全保障上の問題として議論すべきではないかと考えますので、データを出してお話しします。

### 「一帯一路」とウイグル

「一帯一路」とは

「一帯一路」は、中国の習近平国家主席が二〇一三年に打ち出した構想で、アジアとヨーロッパを陸路と海上航路で繋ぐ物流ルートを作って貿易を活発化させ、経済成長に繋げようというものです。

「一帯」と言ったとき、日本では着物の帯のようなベルト状の道と思われがちです。しかし中国語では、ある地点に立って見渡した時のこの辺り全て、という事になります。つまり「一帯一路」は中国から見渡した世界、或いは中国の射程に入る国々・大きな地域を一つの道で繋ぐ事だと言えます。

これは鉄道・水路・空路・通信網・公道・資源を運ぶ巨大パイプラインになるのですが、その殆どがウイグルを通ります。水路はウイグルを通らないという指摘もありますが、水路も道路や鉄道と繋がると、ウイグルから出入りするようになる。「一帯一路」の地図を見ると、西安を起点に空路・水路・鉄道が伸び、ウルムチが重要な位置にある事が分かります。

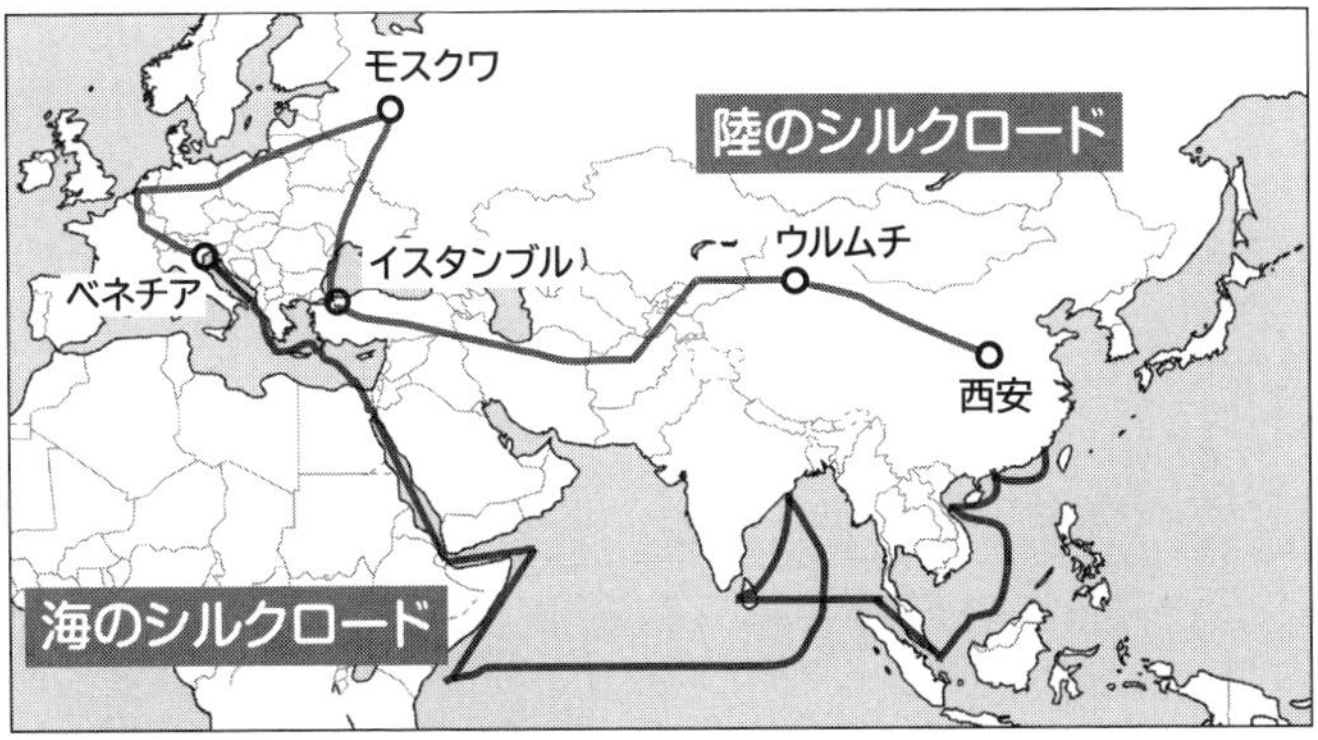

中国「一帯一路」構想

中国からは、電子機器・自動車部品・自動車・衣類などが、ヨーロッパからはチーズやワインなど、中央アジア・或いはアフガニスタン・パキスタンからは、石油・レアアース・天然資源が入ってくる。パイプラインを使ってそこにある物を自在に運ぶ事ができるのです。ウクライナからは生産兵団が借りた土地で栽培する穀物などを運び、加工して売る、そのようになっています。

物作りには技術と天然資源が必要です。世界の消費者は、中国を「世界の工場」としてその技術を育ててきました。中国はその役割を果たし、販売ルートとノウハウを確立しています。「一帯一路」で資源が存分に入ってくれば、今後も世界各国の中国依存は強くなる一方だと見た方が良いかもしれません。

## ＡＩＩＢの投資問題

日本などが主導するアジア開発銀行（ＡＤＢ）は、立ち遅れているアジアのインフラ開発に投資する目的で作られましたが、その投資はお金を貸せば必ず返して貰える、戻ってくるという前提ですから、試算では毎年一兆七千億ドル、日本円で二百兆円近くの資金が必要とされているのに、実際の拠出はその二・五％に留まり、需要を満たせていないと指摘されています。

しかしアジアのインフラ開発は、お金があればもっとやりたいと皆んな思っている。そこを中国が見透《すか》して隙につけ込んだと言えます。

中国は、ＡＤＢがお金を出さないなら、私達がアジアのインフラ開発にお金を貸そうと言ってアジアインフラ投資銀行（ＡＩＩＢ）を作ったのです。ＡＩＩＢは、中国の習近平国家主席が二〇一三年のＡＰＥＣ首脳会談で提唱し、二〇一五年に複数の国により設立された、アジアの開発を目的として、融資や専門的な助言を行う機関で、米国主導のＩＭＦ（国際通貨基金）や、日米主導のＡＤＢのような国際金融機関です。その枠組みで中国と協定を結んだのは、百三十八か国・三十の国際機関と言われていますが、正式なリストは分かりません。米国は入っていない。

日本が入っていないと言えるのかは疑問になってくる。中国一国が世界のアジアのインフラ需要に投資する形で「一帯一路」が展開されています。

ＮＨＫが作成した地図では「一帯」で既に六つの回廊が作られています。少し前のデータになりますが、主な参加国は左表のようになっています。今、イタリアのように「一帯一路」から離脱したいと言っている国も出てきています。

中国は、お金を貸さないＡＤＢに代わり、私達がお金を出そうと言いますが、問題はこの中に隠れています。

二〇二一年十二月のＡＩＩＢ加盟国・地域は承認ベースで百三です。議決権の八十五％は出資比率に応じ、十二％が全加盟国、三％が創設メンバーに分配され、中国は三十％近い議決権を保有しています。最重要議案の採決には七十五％の賛成が必要となり、拒否権を持っているのは

### AIIB 設立当初の参加国

カザフスタン、ウズベキスタン、パキスタン、クウェート、カタール、オマーン、モンゴル、中国、パキスタン、インド、ネパール、バングラデシュ、スリランカ、ミャンマー、ラオス、タイ、カンボジア、ベトナム、フィリピン、ブルネイ、マレーシア、シンガポール、インドネシア

### 主な「一帯一路」参加国

【欧州】
イタリア、ポーランド、チェコ、ルーマニア、ポルトガル、ギリシャ、ロシア
【オセアニア】
オーストラリア、ニュージーランド、ハプアニューギニア
【アジア】
インド、韓国、インドネシア、タイ、シンガポール、マレーシア
【中南米】
チリ、エクアドル、ベネズエラ、ドミニカ、パナマ
【中東】
サウジアラビア、イラン、アラブ首長国連邦、イスラエル、イラク、カタール
【アフリカ】
南アフリカ、ナイジェリア、アンゴラ、エチオピア、ガーナ

実質中国だけという事になります。

その基金の中から、経済危機に陥ったパキスタンに二・五億ドル（約二百五十九億円）、ジョージアに四千五百万ユーロ（約五十七億円）、ベトナムの銀行に一億ドル（約百四億円）を融資しています。中国と政治的対立の激しいインドに対しては、以前より多額の融資を実施していましたが、コロナ対策資金として十二億五千万ドル（約千二百九十六億円）を融資しており、いまやＡＩＩＢの累計投融資承諾額の約四分の一をインドが占めています。

二〇二一年五月、大阪ガスと国際協力銀行（ＪＢＩＣ）の官民連合によるプロジェクトに、ＡＩＩＢがおよそ八十三億円融資しています。借入人として日本企業が関わる案件に、「一帯一路」の銀行からお金を借りるのは初めてではないかと思われます。この案件により日本は「一帯一路」に加入してないと言えるかどうかは疑問であり、今後よく考えた方がいいと思います。

もう一つの問題点は、インドの著名な地政学戦略家ブラフマ・チェラニー（インド政策研究センター）教授が提示した「債務の罠《わな》（借金漬け外交）」です。チェラニー教授は、ＡＩＩＢの金利は〇・五％とされているのに、色んな国にプロジェクトとして中国が貸し付けている金利は実質六・三％だと指摘しています。

一つ一つの案件について公表されていないのですが、中国は「一帯一路」で、このプロジェクトに、あなたの国のこの道路に、この鉄道にお金を出しますと言ってプロジェクトを作らせます。そしてプロジェクトを持ってくると、この部分は「一帯一路」の構造にあるので〇・五％でＡＩＩＢから貸します。しかし他の部分は「一帯一路」の構造には入らないので、中国の別の銀行から利息は高いけれども貸してあげますと、このようなからくりを使っているのです。AIIBの案件は殆どこれです。公定の〇・五％で貸している部分はほんの何％しかなく、他は全部他の銀行から中国国内の六・三％で貸しているのが実態なのです。

それが返済できなければ、お金でなく、資源や土地で、或いは空港や港湾の利用権を中国に百年間任せてくれという風に、違う形で求めてくる。これが「債務の罠」です。

チェラニー教授はもう一つ、「一帯一路」でプロジェクトや工場に投資し、中国の技術で経済が発展し、現地の人々の雇用が見込まれると示していたのに、中国の「一帯一路」は、地域経済を支えるものではなく、発展途上国の豊富な天然資源への中国のアクセスを確保するものであり、多くの場合は中国自国の建設労働者を派遣する為に、現地で創出される雇用を逆に抑え込んでしまっている、と指摘しています。

エクアドルは、橋、高速道路、灌漑施設、学校などの建設に百九十億ドルの融資を受けました。エクアドルは融資の多くを現金ではなく石油で返済し、石油の八割を中国に優先的に輸出する事で合意しました。中国は割安で手に入れた石油を加工し、日本やアメリカなどに一般市場価格で売り利益を得ているのです。こうして作られた大規模なダムは「稼働して二年でダムに数千の亀裂やひび割れが見つかり、どの貯水池にも、沈泥、砂、木が堆積した。エンジニア達が施設を完全稼働させようとしたが全国の電力網がショートした。にもかかわらず、エクアドル政府は中国への借金返済の為に、石油を汲み上げなければならなかった。政府は既に森林破壊が深刻なアマゾン熱帯雨林のさらに広い範囲で石油を採掘し、福祉予算を減らして、行政機関を閉鎖した。エクアドルのエネルギー大臣は『中国の戦略は明らかだ。他の国々を経済支配しようとしている』とニューヨーク・タイムズに語った」（ジェフリー・ケイン『AI監獄ウイグル』）という事です。

スリランカでも港を取られてしまいました。南端のハンバントタ港は、二〇一七年から九十九年間にわたり中国国有企業に貸し出される事になりました。英シンクタンクの研究員で、英外交官として香港返還に関わったマシュー・ヘンダーソン氏は、スリランカがデフォルト（債務不履行）に陥れば、黙っていても港湾施設など戦略的な重要インフラが中国の手中に落ちる。スリランカの危機は「一帯一路」のリスクを浮き彫りにしたと指摘しています（木村正人「中国に『借金漬け』にされたスリランカがデフォルト、見えた『一帯一路』の本性」JBpress 2022.5.23）。先日の新聞に、スリランカは日本を始めとする国々に助けを求めている、日本がどう仲介し、お金はどのように出すか話し合っていると書かれていましたが、このようなからくりで人々を苦しめるお金を貸している事が「一帯一路」の大きな問題です。

「一帯一路」の資金供給源は、国家開発銀行、中国輸出入銀行、国営商業銀行などとされていますが、案件ごとの詳細は明らかにされていないものが多いです。

ＡＩＩＢの二〇一九年三月末の財務諸表において、純資産は一九六億ドル（払込資本金一九三億ドル）であるのに対し貸出金は十六億ドルに留まり、その払込資本金の大半が実際の事業には適用されておらず、現金または定期預金として保有されているとの見方もあります。

現地の雇用を抑え込んでいる事で、現地住民の反発を買い、中国系の建設労働者との間で摩《ま》擦《さつ》が生じ、現地住民の大規模な抗議デモに繋がっているのも事実です。

カザフスタン、キルギスやウズベキスタン方面からは、現地の一次情報資料が割と入ってきます。「一帯一路」で中国の技術で工場を作り、現地の雇用を活発化させると約束はする。しかし蓋を開けてみると、中国国内から多くの漢民族が移住してその工場で働くので現地の雇用を生み出さないといった事が起きているのです。このような事例は中央アジアで多いです。アフリカの事例も一度日本のテレビで紹介されていました。

現地の人々と中国から移住した人々との間で、摩擦が起きて喧嘩になったり、抗議デモも沢山起きています。

カザフスタンでは、二〇一九年九月二十三日～二十六日デモが起きました。中国はカザフスタン各地に工場を作りましたが、中国人を連れてきて現地の人を雇用せず、工場建設に伴う環境破

カザフスタンでのデモ

キルギスでのデモ

パキスタンでのデモ

壊や、カザフスタンの鉱山と資源を中国人だけが開発し、地域に何の利益ももたらさないのに、カザフスタンが中国に高利で多額の借金をしている事などに抗議するデモでした。

キルギスでも、「一帯一路」の建設でこの地に来ている漢民族と現地キルギス住民の間でトラブルが起き、二〇一九年十二月十九日、現地キルギス住民はデモを行い「中国人はこの地にもう移り住むな。ウイグル強制収容所を閉鎖しなさい。政府は中国からの借金を止めろ」と訴えました。デモのリーダーの一人で女性のセパー・エリヨワさんが逮捕され「民族間の憎しみを唆した」「中国とキルギスの友情の破壊を試みた」と裁判にかけられました。

パキスタンでも中国に対するデモが起きました。二〇一九年九月二十二日、カシミール地方でウランや金・銅など三百以上の鉱山を中国に譲った事、ギルギット地域の大規模な牧場の経営を中国に貸与した事に抗議し、パキスタンの人々がデモを行っています。これらの抗議活動やデモは、トルコにあるウイグルの通信社が報じています。

現地の人々に雇用が生まれない例として中央アジアの話を述べましたが、世界の他の地域でも起きている事例として、日本のテレビ番組が太平洋にある島国トンガを取り上げていました。地元の人々が反発する理由は、町の商店の殆どが中国人経営になり、中国から商品を取り寄せるため品数が豊富で、零細企業のトンガ人の店は立ち行かなくなった。中国から安い労働力を連れてくる為、建設現場で働いていた男性は仕事がなくなってホームレスになり、「日本人は漁業や建設でトンガを沢山助けてくれた。中国人は奉仕しているように見せかけているだけだ。彼らはズルいやつらだ」と話しています（二〇一七年放送　ＴＢＳ「新・情報7days ニュースキャスター」

新植民地主義　中国「一帯一路」の真の狙いとは？　中国に反発も経済的に「乗っ取られた国」）。

このように各国と中国の間で、金銭面や人間関係の摩擦が起き、国レベルでも裁判が起きています。それでも世界的に大きな問題にならないのは、中国が中国共産党らしい狡猾な先手を打ったと見えます。

中国は、実金利は六・三％、現地雇用は生まれない、資源は取られる事に、現地の人々が黙っていないと見込んでいたのでしょう。「一帯一路」が始まると同時に、国際商事裁判所（ＣＩＣＣ）を設置しました。加盟国はこれにサインしているのですが、例えば先程のキルギスのデモで、リーダーの一人が逮捕され二つの罪で判決が渡されたと述べましたが、「一帯一路」で中国と他の国、或いは民間との間でいかなるトラブルが起きても全て中国国内で解決してしまうのです。

この国際商事裁判所は、例えばカザフスタンで中国の「一帯一路」の企業とカザフ人やカザフスタン政府と問題が起きても、現地では解決せず北京に持ち帰り、北京で裁判をして、北京で「中国とカザフスタンの友好を壊す企みを試みた」といった罪名を言い渡して解決するのが前提なのです。

しかしカザフタンにおいて、入植してきた中国人とカザフ人とのいざこざが、中国国内で解決される事は、どう考えてもおかしい、普通ではない事です。米ニューヨーク大学のジェローム・コーエン氏は「中国ではなく自国で事業を行う企業が、紛争解決を受け入れる為にそれを中国に持ち込み、その解決を受け入れる事は、政治的或いは経済的に強要されていて信じ難い」と指摘しています。

中国共産党は、自分達は「国際的な規則の形成に積極的な役割を果たしている」と言います。いつもそのような綺麗事で、自分達に都合の悪い事を隠すのに中国共産党より長《た》けている政府を私は見た事がありません。これが経済政治支配と言われる中国のやり方です。

このように政治的・経済的に支配されている発展途上国、中央アジアの国々、或いはアフガニスタン、パキスタン、アフリカの国々には、豊富な天然資源があります。中国の狙いは、「一帯一路」で豊富な天然資源への中国のアクセスを確保し、借金の代わりにその資源を安く手に入れて中国へ持ってくる事だと思われます。

原材料は中国にはないのです。それでも工場であれだけのものを作って売る為には、原材料を持ってきて加工する必要があります。

例えば、二〇一六年時点でレアアースの世界生産量の八十%を中国が占めていました。レアアースは電池やノートパソコンをはじめ新世紀の製品に欠かせません。様々な分野で無くてはならない物です。このような原材料を中国経由でしか買えない仕組みが問題です。

レアアースの事で、世界も少し目が覚めたのではないかと思う事が日本でありました。二〇一〇年九月、尖閣諸島海域において中国の漁船が日本の海上保安庁の巡視船に衝突した事がありました。この事件を日本側の当時の前原大臣が、「領海侵犯」問題として日本の国内法に基づいて処理すると発言し、中国を激怒させました。九月十三日、日本側は取調べの為船長を残し、他の船員と船を中国に帰しました。しかし二十一日、温家宝中国首相は訪問先のアメリカから「我々は日本に対し、必要な強制的措置を取らざるを得ない」と発表しました。それから中国

はどれだけの圧力を日本にかけ続けたのか。毛里和子先生の『中国問題キーワードで読み解く』から要約すると、

中国側は報復措置として

・日本との閣僚級の往来を停止
・航空路の増便の交渉停止
・石炭関係会議の延期
・日本への中国人観光団の規模縮小
・在中国トヨタの販売促進費用を賄賂と断定し、罰金を課す
・日本人大学生の上海万博招致計画を中止
・武漢にいたフジタの社員四人の身柄を（許可なき軍事管理区域を撮影したとして）拘束
・レアアースの日本への輸出を複数の税関で通関業務を意図的に遅滞させ、事実上止めた

別の報告では、トヨタの全生産ラインが停止した事もあったと書かれていました。その為致し方なく日本側は船長を領海侵犯の日本国内法で裁く事ができず、中国に帰してしまいました。こういった物を読むと、「友好」の色んな面、日本のこれからの歩みはどうあるべきか見えてきます。日本国内でも、何故あの領海侵犯した中国人を帰してしまうのかと反発がありましたが、その裏では日本に対してこれだけ難しい条件が突き付けられていました。

一方で、反日教育を受けてきた中国国民が喜んで中国に帰ってきた船長を「英雄」と讃えて

おり、私は非常に複雑な気持ちで、このような本当の友好を壊すような行為が中国国内でもっと増長するのではないかと見ていました。

中国は他国にお金を貸す事で、世界中に需要があり、欠く事のできない物を確保して、それを渡せないと条件をつきつける。「一帯一路」でそれが広がる事を、世界の人々が懸念していると思います。

## 中国監視社会と「一帯一路」

日本では大きく報道されていないのですが、監視社会システムは、今の中国の社会の特徴になっています。

中国全土には二億台以上の監視カメラがあり、そのうちＡＩ監視カメラをネットワークする「天網工程（Project Sky Net）」、それを地方自治体が設置するプロジェクト「雪亮工程（Dazzling Snow Project）」、警察や消防などあらゆる機関がデータを共有する「平安城市（Safe City）」、国民のＩＤや金融情報、ＳＩＭカードの移動履歴を網羅的に見られる「一体化連合作戦平台（ＩＪＯＰ）」、これらが中国社会に対する監視を実現しています。人家にまで及んでいて、どこで誰が何のテレビを視ているかまで分かるそうです。

これに関わる企業八社は、政府や軍との関係が深く、ＡＩを活用した防犯設備やテロ対策システム、通信設備などを提供しています。これらは強制収容所でも使われ、確かな効果を上げています。アメリカ政府は二〇一九年十月九日、これらの民間企業（いずれもAIを使った顔認証やビッグデータ解析、防犯・監視ネットワークを得意とする中国を代表する先端テック企業）に制裁を加えました。八社の中には日本に支社があるものや、日本の技術が使われているものもあります。日本ウイグル協会は、これらの企業の製品に日本の技術が使われている事について、日本の幾つかの会社に質問状を送っています。

この監視社会システムを、中国は「一帯一路」で、中央アジア、アフリカ、アフガニスタン、パキスタンなどの国々に、輸出すると言っています。

**AI監視システム技術や製品を提供したことでアメリカの制裁を加えられた8社**

① Hikvision（海康威视）
ハイクビジョン（海康威視）
防犯・監視カメラシステム・ネットワークを提供。監視カメラの世界シェア1位。

② Dahua Technorogy（大华科技）
ダーファ・テクノロジー（大華科技）
防犯・監視カメラシステム・ネットワークを提供。監視カメラの世界シェア2位。

③ SenseTime（商汤科技）
センスタイム（商湯科技）
AIを活用した顔認証システムを提供。自動運転分野ではホンダとの共同開発も。

④ Megvii（旷视科技）
メグビー（曠視科技）
AIを活用した顔認証システムを提供。同社の顔認証ソフトウェア「FACE++」は世界的に有名。

⑤ iFLYTEK（科大讯飞）
アイフライテック（科大訊飛）
AIを活用した音声認識ソフトウェアを提供。技術力は世界トップレベルと言われている。

⑥ YITU（依图科技）
イートゥー・テクノロジー（依図科技）
顔認証システムのほか、AIを活用した防犯・医療・金融システムを提供。

⑦ Meiya Pico（美亚柏科）
メイヤピコ（美亜柏科）
ネットの検閲システムやデジタルセキュリティ関連システムを提供。

⑧ Yixin Science（颐信科技）
ECガード（頤信科技）

二〇二〇年十二月二日深夜NHK・BSで放送された「Undercover:Inside China's Digital Gulag」（英・二〇一九年／二〇二〇年国際エミー賞最優秀時事番組）という番組は、ウイグルの収容施設の厳しさと洗脳・思想教育の実態を、何週間にも及ぶ現地取材により明らかにしていました。ここで興味を引いたのは、中国側のパソコン会社の人物が「このような設備を今ウイグル人で実験し、改善して中央アジアなどの国々にテロ対策の一環として輸出する」と話していた事です。発展途上国や例えばアラブ諸国のような独裁政権が、このような「強制収容所」や監視システムで自国民を管理し始めた時、「民主」「自由」の幅が縮められ、人権と平和を壊す一つの手段になっていくのではないかと、世界的な危機が懸念されるのです。

日本経済新聞も二〇二一年の記事で、ウイグルで運用しているデジタル監視システムを、通信インフラとして中国企業が輸出する六十か国以上の中に、人権侵害が指摘される国も含まれており、人権抑圧に悪用される恐れがあるという米シンクタンクの指摘を報じています。

## 「一帯一路」は「農村包囲城市」の現代版？

「一帯一路」の国々に対する中国のやり方を見ていると、「一帯一路」は毛沢東の「農村包囲城市（農村でもって城市を包囲する）」の現代版にも見えてきます。これは一九三〇年代に、水源、土地、人々がいる農村を毛沢東が掌握し、ゲリラ戦を展開する事で、都市部は最終的に何もできず中国共産党に降伏したのですが、「農村」を資源が豊富にある発展途上国に、「城市」を今の世界をリードする民主主義国家に置き換えてみると、例えばアメリカや日本、世界の民主国家は、レアアースの時のように色んな物を抑えられて手に入らなくなり、発展途上国の資源がそれにより高くても売れる。或いはこうしなければ出さないと条件を突きつける。結局中国の言いなりになるような現代版の「農村でもって城市を包囲する」が作られるのではないかと懸念しています。世界の大半を占める発展途上国の人口、資源、地政学的に重要な場所が、「一帯一路」によって中国に飲み込まれ、支配下に置かれてしまった時に「民主主義国家」は挽回の余地があるのでしょうか?

このような「一帯一路」を通じて運ばれる資源の出入口は、地政学的にウイグルである事が分かりました。中国が今後資源を確保し、十四億人を養って世界と関係を結ぶ上で、生命線になるのがウイグルです。

そうすると、ウイグル人は、この七十年間一貫して中国共産党政府を独立国家の主権を奪った侵略政府だと思っている。一千万人のウイグル人誰一人として、中国共産党が自分達の政府と思っている人はいないのではないかと思います。そのウイグル人を中国共産党に忠実な中華民族にする為に、古から中華民族だと言わせる為に、中国共産党は侵略者ではなく、習近平はお父さん・パパだと言わせる為に、ウイグル人をジェノサイドにかけ、強制収容所で「改造」しています。

その為にやっているのが、中国政府の「新疆における三つの変わらない政策」です。

・安定を保つ為に「イスラム教の中国化」
・新疆生産建設兵団を南に発展させる・兵地統合
・文化潤疆(中華文化でウイグルに潤いを与える)

まずイスラム教の中国化です。命を与えた大地や人間を超えたアッラーではなく、習近平を信じ共産党を信じていればいいというものです。

もう一つは兵団を重しとして、ウイグル人を監視し、強制収容所を運営し、また地元と兵団を統合してしまっています（兵地統合）。

更にもう一つは、漢民族化を推し進め、ウイグル人の子供が中国人の服や軍服を着て授業を受けているのをテレビやSNSなどで目にしますが、これは「文化潤疆（中華文化で遅れているウイグル人に潤いを与える）」政策です。

兵団と「中国文学芸術連盟」は、新疆を「先進的な中華文明を表現できる場所」に、習近平と自治区のトップ馬興瑞は「文化潤新疆は中華民族共同体を創設する為の基礎」であると強調していますが、ヒューマン・ライツ・ウオッチの王松莲研究員は「文化潤新疆というプロジェクトの本質はウイグル人を漢化する政策に他ならず、その実施方法は人類に対する犯罪である」と、二〇二二年六月三十日ラジオ・フリー・アジアに語っています。

この三つを兵団が担ってやっています。兵団の公式ホームページである「兵団網」を開くと、イスラームの中国化、兵地統合、文化潤疆、この三つの政策がバンと出てくる、このようになっています。

## 「新疆生産建設兵団」との関連

生産兵団の企業活動は「中国新建集団公司」として展開し、約四千五百社の会社を持ち、世界八十二万四千社と繋がっています。

アメリカの研究機関「C4DS」が出している報告書を見ると、これだけのものが生産兵団の企業で作られ、世界に広がっています。兵団の軍事企業の製品が世界中に広がっているのです。

生産兵団の上場会社は全て、兵団と分かる名前が書かれていません。「北新路橋」は、生産兵団で一番大きな会社で、パキスタンやアフガニスタンのインフラを担っている会社ですが、兵団の

### 生産兵団の企業の主な製品

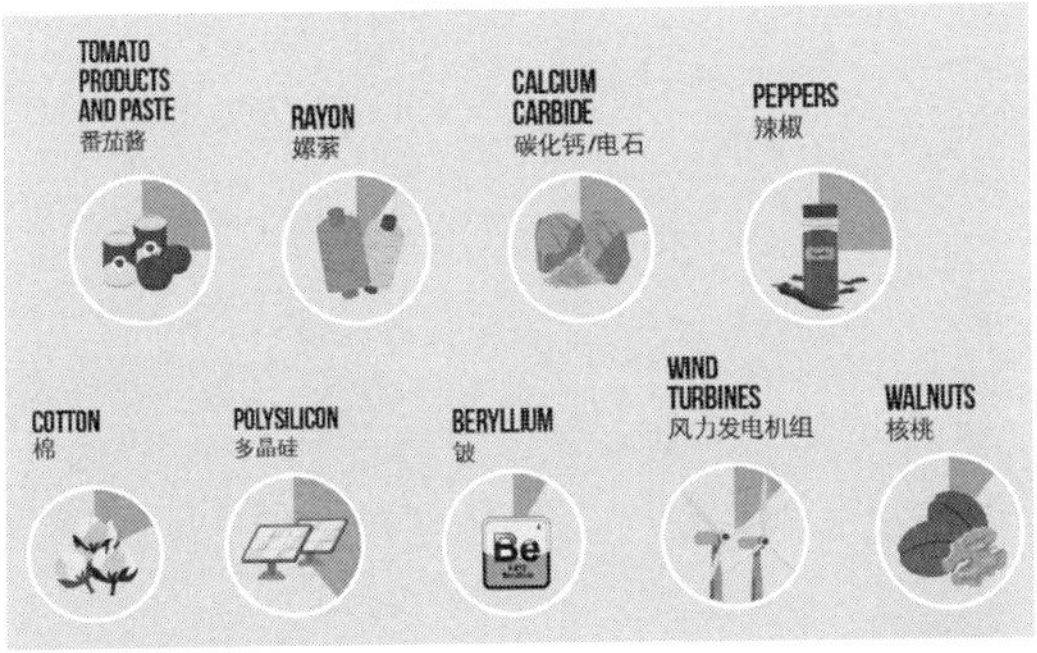


トマト加工品、レーヨン、カルシウムカーバイド、多結晶リコン、ベリリウム、風力タービン、くるみ

C4ADS「Long Shadows」より

### 生産兵団（XPCC）が株式を保有する上場企業

| 中国語表記の企業名 | 株式市場 | 金額ベース保有率 % |
|---|---|---|
| 新疆天业股份有限公司 | 上海 | 62.32 |
| 新疆天业节水灌溉股份有限公司 | 香港 | 60.41 |
| 新疆北新路桥集团股份有限公司 | 深圳 | 56.02 |
| 新疆天富能源股份有限公司 | 上海 | 49.03 |
| 新疆冠农果茸股份有限公司 | 上海 | 46.28 |
| 中基健康产业股份有限公司 | 深圳 | 42.58 |
| 新疆赛里木现代农业股份有限公司 | 上海 | 42.17 |
| 新疆伊力特实业股份有限公司 | 上海 | 42.04 |
| 新疆西部牧业股份有限公司 | 深圳 | 41.82 |
| 新疆塔里木农业综合开发股份有限公司 | 上海 | 40.32 |
| 新疆天润乳业股份有限公司 | 上海 | 38.70 |
| 新疆青松建材化工（集团）股份有限公司 | 上海 | 30.02 |
| 天康生物股份有限公司 | 深圳 | 26.41 |

C4ADS「Long Shadows」より

名前は書かれていません。兵団の企業の中には「新疆」が出てくるので、住所を調べてみる事で分かる事もありますが、株式市場は上海とか違う所にあるので分からない。でもその上海の会社は、どこから製品や材料を仕入れているか見ると、大体その生産兵団の都市に繋がっていく仕組みになっています。

国内だけでなく、ジェトロの調査によると、ウクライナに三百万ヘクタールの土地を生産兵団が借りています（「ジェトロセンサー」二〇一五年十月号）。どうして他国に中国の軍が名を変えて土地を借りているのでしょうか。

日本でも水源地の土地などが買われています。これも生産兵団の中国の軍企業ではないのか、今後また調べていきます。

## 「強制労働」と有名企業、そして人権問題

新疆生産建設兵団と強制労働、世界的な有名ブランド・企業の生産ラインがどうして繋がってしまったのでしょうか？

中国は今、ウイグルに沢山の工場を作っています。オーストラリア国際戦略研究所（ＡＳＰＩ）が二〇二〇年に発表した「uyghur for sale」という報告書によると、兵団の強制収容所に隣接した工場で作られている物は、世界約八十社の有名企業にも流れています。

この中には日本企業も十一社あり、ここに含まれていない強制労働と関わりの疑いがある三

社を加えた次の十四社に、日本ウイグル協会が質問書を送っています。

ソニー、日立製作所、ＴＤＫ、東芝、京セラ、三菱電機、ミツミ電機、シャープ、任天堂、ジャパンディスプレイ、良品計画（無印良品）、ユニクロ（ファーストリテイリング）、しまむら、パナソニック

これは強制収容所、強制労働、もう一つは中国の軍に私達消費者のお金が流れている仕組みなのです。これはやはり日本の安全保障上の問題であり、私達個人も考えなくてはならない問題です。

**ASPIが報告書に載せたグローバル企業**

*Abercrombie & Fitch *Acer *Adidas *Alstom *Amazon *Apple *ASUS *BAIC Motor *Bestway *BMW *Bombardier *Bosch *BYD *Calvin Klein *Candy *Carter's *Cerruti 1881 *Changan Automobile *Cisco *CRRC *Dell *Electrolux *Fila *Founder Group *GAC Group (automobiles) *Gap *Geely Auto *General Motors *Google *Goertek *H&M *Haier *Hart Schaffner Marx *Hisense *Hitachi *HP *HTC *Huawei *iFlyTek *Jack & Jones *Jaguar *Japan Display Inc. *L.L.Bean *Lacoste *Land Rover *Lenovo *LG *Li-Ning *Mayor *Meizu *Mercedes-Benz *MG *Microsoft *Mitsubishi *Mitsumi *Nike *Nintendo *Nokia *Oculus *Oppo *Panasonic *Polo Ralph Lauren *Puma *SAIC Motor *Samsung *SGMW *Sharp *Siemens *Skechers *Sony *TDK *Tommy Hilfiger *Toshiba *Tsinghua Tongfang *Uniqlo *Victoria's Secret *Vivo *Volkswagen *Xiaomi *Zara *Zegna *ZTE

（2023.12.20 閲覧）

「生産兵団」と「強制労働」「世界的な有名ブランド、企業の生産ライン」がどうして繋がってしまったのか。これは中国共産党の二つの政策と関連しています。

「扶貧搬遷（ウイグルは大変貧しいから、その貧しい人々を助ける）」は、先に経済発展した地域の技術と経済モデルを、新疆の資源と一緒にする政策です。もう一つは「対口援疆（新疆を重点的に支援する）」政策です。

今、中国の人口は高齢化し、工場を作ると環境破壊などの問題が起きるので、今まで世界の工場として使われていた沿岸部の工場では、効率よく物が作れなくなってきている。もう一つは、資源が「一帯一路」の出入口にあるウイグルに運ばれてくる仕組みになっている。ウイグルの人口構成は若く、中国のように高齢化していない。言葉の上で、ウイグルの貧乏を助けるとか重点的にウイグルを助けると言うと、非常に良い話に聞こえますがそうではないのです。

ウイグルは今、中国の十九の省区に分け与えられてしまっています。

北京は兵団第十四師にお金と技術を出す。兵団は、土地と強制労働のウイグル人を出す、このように結びついた沢山の工場があるのです。この十九の省区は、大体兵団と結びつけられているのです。例えば北京のお金と技術は兵団第十四師に、天津は兵団が書かれていないけれど、この策勒・于田・民丰三县は、兵団第十四師がある和田兵団の管轄下にあるのです。

こうして見ると、全て兵団の管轄下にあるように仕組まれている。これこそ私達が使っている中国製品が、全て強制労働、ジェノサイドに繋がり、軍にお金が流れている証拠です。

ウイグル問題を連想した時に、生活・文化の破壊、強制労働、女性達が強制不妊手術を受けた事、

## 「対口援疆」の市省とその担当地域

| | | |
|---|---|---|
| 1. | 北京市対口支援 | 和田地区和田市、和田县、墨玉县、洛浦县和兵团第十四师 |
| 2. | 天津市对口支援 | 和田地区策勒、于田、民丰三县 |
| 3. | 河北省对口支援 | 巴音郭楞州和兵团第二师 |
| 4. | 山西省对口支援 | 昌吉州阜康市和兵团第六师 |
| 5. | 辽宁省对口支援 | 塔城地区及兵团第八师、第九师 |
| 6. | 吉林省对口援助 | 阿勒泰地区阿勒泰市、哈巴河县、布尔津县、吉木乃县 |
| 7. | 黑龙江省对口支援 | 阿勒泰地区青河县、富蕴县、福海县及兵团第十师 |
| 8. | 上海市对口支援 | 喀什地区莎车县、泽普县、叶城县、巴楚县 |
| 9. | 江苏省对口支援 | 伊犁州直和兵团第四师、第七师 |
| 10. | 浙江省对口援助 | 阿克苏地区及兵团第一师阿拉尔市 |
| 11. | 安徽省对口支援 | 和田地区皮山县 |
| 12. | 福建省对口支援 | 昌吉州昌吉市、玛纳斯县、呼图壁县、奇台县、吉木萨尔县、木垒县 |
| 13. | 江西省对口支援 | 克孜勒苏州阿克陶县 |
| 14. | 山东省对口支援 | 喀什地区麦盖提县、疏勒县、岳普湖县、英吉沙县 |
| 15. | 河南省对口支援 | 哈密地区及兵团第十三师 |
| 16. | 湖北省对口支援 | 博尔塔拉州及兵团第五师 |
| 17. | 湖南省对口支援 | 吐鲁番地区 |
| 18. | 广东省对口支援 | 喀什地区疏附县、伽师县及兵团第三师图木舒克市 |
| 19. | 深圳市对口支援 | 喀什地区喀什市、塔什库尔干塔吉克自治县 |

| | | |
|---|---|---|
| 1. | 北京市 | ホータン市、ホータン県、カラカシュ県、ロプ県と兵団第十四師 |
| 2. | 天津市 | チラ県、ケリエ県、ニヤ県 |
| 3. | 河北省 | バインゴリン（巴音郭楞）州と兵団第二師 |
| 4. | 山西省 | 昌吉州とフーカン市と兵団第六師 |
| 5. | 遼寧省 | タルバガタイ地区と兵団第八師、兵団第九師 |
| 6. | 吉林省 | アルタイ地区にあるアルタイ市、カバー県、ジムナイ県、ブルチン県 |
| 7. | 黒竜江省 | アルタイ地区にあるチンギル県、コクトカイ県、ブルリトカイ県と兵団第十師 |
| 8. | 上海市 | カシュガル地区ヤルケンド県、ポスカム県カルギリク県、マラルベシ県 |
| 9. | 江蘇省 | イリ州と兵団第四師、第七師 |
| 10. | 浙江省 | アクス地区及び兵団第一師のアラル師 |
| 11. | 安徽省 | ホータン地区にあるダマ県 |
| 12. | 福建省 | 昌吉州昌吉市、マナス県、クトビ県、グチュン県、ジムサル県、モリ県 |
| 13. | 江西省 | キズリス州、アキトゥ県 |
| 14. | 山東省 | カシュガル地区にあるメキット県、イェンギシェヘル県、ヨプルガ県、イェンギサル県 |
| 15. | 河南省 | クムル地区及び兵団第十三師 |
| 16. | 湖北省 | ボルタラ州と兵団第五師 |
| 17. | 湖南省 | トルファン地区 |
| 18. | 関東省 | カシュガル地区コナ・シェヘル県、ペイズワット県及び兵団第三師、トムシュク市 |
| 19. | 深圳市 | カシュガル地区カシュガル市、タシュコルガン・タジク自治県 |

強制収容所に入れられた人々など連想しますが、このようなジェノサイドの形もあるのです。

ウイグルに工場がなくても、強制労働に結び付いている実例を挙げておきます。中国東部、山東省の海岸にある青島のスポーツシューズ工場で、主な供給先はナイキです。ウイグルにおける民族比率を逆転させる政策で、新疆から、二〇二〇年一月には六百人、二〇〇七年以降累計九千八百人の若者がこの工場に移されました。ナイキがこの工場で靴を作った事で、ナイキと強制労働が結びついてしまった。このようなケースもあります。監視の下で彼らは、昼間はナイキの靴を作り、終業の夕方になると中国語を習ったり、中国や党を賛美する歌を歌ったり、愛国教育を受けさせられています。そのカリキュラムは「再教育センター」と称する新疆ウイグルの強制収容所と同じ内容です。

## 太陽光パネルと日本

アメリカ財務省は二〇二〇年七月三十一日、ウイグル人などの人権抑圧に関与したとして、「新疆生産建設兵団」と兵団の幹部および元幹部の二人を制裁対象に指定し、在米資産を凍結し、米国人との取引を禁止しました。続いてアメリカは二〇二〇年十二月二十三日、新疆ウイグル自治区での人権侵害や強制労働に関与しているとして、太陽電池に使うシリコンを扱う「合盛硅業（ホシャイン・シリコン）」や、綿花を生産する「新疆生産建設兵団（XPCC）」など五つの中国企業を安全保障上の懸念から輸出を規制する「エンティティー・リスト」に加え、制裁対象にしました。二〇二二年六月二十一日施行された「ウイグル強制労働防止法（ＵＦＬＰＡ）」により、中国の新疆ウイグル自治区が関与する製品は、強制労働により生産されたとみなされ、米国への輸入を原則禁止しています。原産国や輸出元国が中国ではない第三国で生産された製品も差し止めの対象で、リストに挙げられた団体・個人の入国も禁止されています。

ＥＵは、二〇二二年九月十五日、強制労働により生産された製品のＥＵ域内での流通を禁止する規則案を発表しています。あらゆる規模の企業を一律に対象とし、強制労働により生産された原材料が一部でも使用された製品のＥＵ市場での流通・域外への輸出を全面的に禁止する包括的な内容で、全世界のあらゆる強制労働を対象にしています。

一方日本は、まだ何も制裁、或いは政策を取っていません。それでアメリカが制裁を課した企業がパッと日本に入ってきた。これが日本における太陽光パネル流入の始まりです。

## 新疆ダコ・ニューエナジーと日本の関係

太陽光パネル問題で、アメリカの制裁を受けているダコ・ニューエナジー（Dago New Energy 大全新能源有限公司）という会社があります。これは生産兵団の会社です。住所は石河子という生産兵団の町都市にあります。この会社は横浜のインターアクションという会社と繋がっているのです。

ダコ・ニューエナジーを調べていくと、インターアクションの社長さんは創価大学出身で、程永華前中国大使と、どうやら同じ大学（創価大学）ですね。このように日本の会社を日本語で調べても何も出てこないけれど、生産兵団の会社を探すと日本の会社と繋がり、その日本の会社は創価学会・公明党に尻尾が見えるのです。この人達は「日中友好」ではなかったのか。「日中友好」「平和」を訴える人々が、どうして軍事企業にお金を流すのか私には理解できません。

インターアクションは日本にメガソーラーを作っています。ソロモン諸島では、生産兵団の会社と一緒にＯＤＡ事業や会社を作っています。ソロモンは反米の基地として中国が使っているので、話がどこまで広がっているのか、日本国民は警戒すべきです。「日中友好」の影に反米が隠れていれば、やはり駄目だと思っています。中国語でないと情報が出てこないのは問題です。日本でもっと情報を出すべきです。

生産兵団の会社のダコ・ニューエナジーは、横浜のインターアクションを通じて、みずほ信託銀行からお金を借りています。ジンコソーラー（Jinko Solar）とも業務提携しています。ジンコソーラーは日本で今、川崎市と東京都に太陽光パネルを売っている企業です。各地に拡大し「日本一のシェアを目指します」とジンコソーラーの社長は言っています。

そのどちらの会社も、アメリカでは「ウイグル強制労働防止法」の制裁リストに入っており、製品が差し止められ、入国が禁止されているのです。

ある時私が「日本は技術力が高いのだから、安い太陽光パネルを買わなくても、日本で誰も右に出ない太陽光パネルを作ればいいじゃないか」と言ったら、「ある人が画期的なペロブスカイト太陽電池を作ったけれど、その人はすぐ中国に引き抜かれ、日本のペロブスカイトでもない中国の物になってしまった」と聞き、調べたら日経にその記事が出てきて驚きました。自国の大事な技術を守らなければ平和が壊れるという事を、真剣に考えていく事が、日本国民にとって重要ではないかと思います。

日本の皆様は、中国が良くなれば経済的に一緒に良くなれると「日中友好・平和」を謳っていますが、当の習近平国家主席は「非対称の戦略」を国内外に、特に国民に訴えています。その内容は「人无我有 人有我优　人优我变　下好先手棋（他の人にはないものを私は持っている。他の人が持っていれば私はもっと優れさせる。人のものが優れていれば私がそれを変える。私が先手を打つ）」、これが「非対称の国際戦略」です。要するに二〇三五年までに中国が世界最強の国になる為に、常に優位に立ち、先手を打つというもので、日本側が言う「互恵利益」や「国際調和」「ウィンウィンの関係」はどこにも見当たりません。

「ウィンウィンの関係」は一方だけでは成立せず、日本国民は、中国・中国国民に対しウィンウィンになる為、平和を促進する為に、どのように訴えていくのか。太陽光パネルの問題・ウイグル問題にどのように向き合っていくべきか、大きな疑問と共に考えざるを得ないのではないかと思います。

全六回の最後になりますが私は色んな話をしてきました。色んな国々がウイグルジェノサイド、ウイグル問題に向き合ってくれています。

私は悪というものに対し、人間の美徳として一緒に戦う義務があると思ってきたのですが、必ずしもそうはならなかった。しかし私達ウイグル人は、この危機をチャンスに変えて、もっと強くなって生きていきます。この決心と共に六回を終わらせて頂きます。

## Q&A

**Q.** 多くの国が「ジェノサイド」認定しているのに、日本の企業や政治家、行政は「日中友好」を深めていて、例えばニトリの社長が日本人は元々中国人だと言うような、何も知らない、この問題に興味がない人が多く、厳しい状況の中、日本の庶民はどうすればいいでしょうか。

**A.** 私は日本の皆様に、正義感を持って頂きたいと思っています。ウイグルだけでなく、人類の問題として、中国人、チベット人、モンゴル人がジェノサイドにあっても、同じように正義感を持って接して頂きたいと希っています。

「日中友好」で経済的な絡まりが深い事は、頭が痛い問題です。

私達も在日のウイグル人です。私達はこの国に住めなくなるとウイグルに帰れないし、ウイグル人ほど日本を本当に大切に思い、祖国のように愛している人々は、他に右に出る者はいないのではないかと思っているのです。だからこそ色んな事を考えます。

民間の交流は絶やすべきではない。しかし一方で、七十年間の共産党の教育で人間的な理性や心が失われている部分が多い漢民族の性質も理解できないと駄目です。日本だけのウィンウィンの感覚での「日中友好」では、相手に隙を見せるだけになると思います。

本来、中国共産党は中国を代表できないのです。これは浅はかな七十年の一つの地下組織から出た独裁政権に過ぎないのです。十四億人の中で多分半分位、いい人が漢民族の中にもいますし、その人達をどのように日本の味方につけるのか。その為にやはり正義と、本当の事を言っていかないと、彼らも中国共産党の言葉を信じこむ事になるのです。日本の学者や政治家は、本当の事を言う事が大事だと思います。

また日本人は、一度売り払ってしまった土地や水源は、永遠に買い戻す事ができない事を考えておくべきです。例えばウイグル人に今、天文学的な額のお金があり中国共産党にあげたとしても、東トルキスタンは戻ってきますか？　戻ってきません。

日本は何故、中国ばかりに目が行くのか。世界はもっと広くて、例えばトルコ・イスラーム世界には二十億人がいる。彼らを味方につけ、彼らと貿易する事によって、中国は日本の選択肢の一つに過ぎないと示すことで、彼らも日本に強く出れなくなる。そういった事も考えていく必要があります。

**Q.** 中国国内の漢民族の中には、本気でウイグル人に寄り添う人達がいますか？　それとも希望や期待が持てない状態と考えられますか？

**A.** 漢民族の中に、本気でウイグルの側に立ち、ウイグルの為に泣いている人は大勢います。ただ十四億人の中にどのくらいの割合でいるか分かりません。何故なら、そもそもこの問題を殆どの漢民族が知らないからです。ウイグル人の事すら知らない人も沢山います。

それでも、助けてくれる人もいます。例えば私は大学まで漢民族の学校に行きましたが、具体的な話はしなくても、幼い頃一緒に遊んで育った漢民族の女の子が「二度と戻ってくるな」という手紙を人伝《ひとづ》てにくれたのです。

彼らも同じ人間です。しかし七十年間教え込まれた共産党の思想・考えを持つ中国人になっているのも確かです。

私の同僚にも漢民族がいて、最初は私達の事を「恐怖分子（テロリスト）」と言いましたが、私も全く引く事なく、「あんた達はテロ国家の手先」と言い返し、沢山言い合いました。その十何人かの内の六人は、今私の味方です。彼らは正確な情報を正しく理解すれば、日本の味方もウイグルの味方もしてくれます。

必要なのは、中国を本当の意味で良い国にする為の正確な情報発信です。私達が言う事を最初は嘘だと思うかもしれない。中国を分断する、中国共産党が言うような事をやっていると思うかもしれない。しかしどこかで彼らは変わります。

日本が、アジアの国々が、正確な正義の情報を出さない限り、今の中国は共産党の言う通りになります。期待はできます。日本はもう一歩、正確に、正義の行動をとるべきです。

# 無実の民が焼かれる「地獄の炎」に、口で水を運ぶ燕《つばめ》たちへの謝辞

## ―― あとがきに代えて ――

二〇二三年の初春に、日本ウイグル協会の青年たちより「ウイグルに関する連続講座を、オンラインで日本社会に聴かせて欲しい」との依頼を受けた。暫く考えた後に承諾することを決意した。

私は、日本民俗学を、年中行事や五節句中心に大学院の博士課程まで学んだが、ウイグルに関する専門的な知識もなければ、ウイグル関係の研究も、二〇一七年まではしてこなかった。

しかし、二〇一六年末から始まったウイグルジェノサイドにおいて、三百万人以上が強制収容所で今でも苦しんでいる。ウイグル社会を引っ張って来た知識人たちが、一番先に強制収容所に消えた。海外にいるウイグル人の誰もが「いつか彼らに会える時、恥ずかしくないように毎日を過ごす」ことを目標に、悲しみに耐え、微力ながら皆で力を合わせ、また一人一人ができることをやっている。

私も一ウイグル人として、我が民族と祖国に起きている悲劇と災難を直視し「何が？　どうして？　今？　起きているのか？」を自ら追求し、正確な情報を記録に残し、また外に、世界に発していきたいと思いながら模索していた。その矢先に、このような貴重な勉強の機会を与えら

れた。日本ウイグル協会の会長であられるレテプ先生からは、「研究者として客観的な事実を、我々活動家と異なる視点で、日本社会に伝えて欲しい」との大切な言葉もいただいた。

講座の一貫性を追求しながら、ウイグルの生活と文化を出発点に、ウイグルの独立国家としての歴史、植民地になった経緯、主権と国土を取り戻す為に一瞬も戦いを止めることなく侵略に屈しなかった魂、一九三三年に建立《けんりつ》した東トルキスタン・イスラーム共和国と日本の外交関係、一九四四年に建立した東トルキスタン共和国が消滅した背景になった、東トルキスタンリーダーらが毛沢東に「北京に招待」され、「謎の飛行機事故」で消されてからも、この事実が民に伏せられた三か月の間に、東トルキスタンに不法に侵入した五十万とも言われる人民解放軍と、解放軍が母体になって作られた共産党の占領軍である「新疆生産建設兵団」の実態、ウイグルの水源・資源と土地と富が中国軍に奪われていること、ウイグル強制労働・奴隷労働で儲かっている中国軍の企業に、世界と日本の消費者のお金が流れる仕組み、そして、ウイグルジェノサイドの現状と国際社会の動きについての内容を、六回に分けたウェブ講座で伝えた。

二〇二三年六月二十四日に始まったウェブ講座が（七月二十九日、八月二十六日、九月二十三日、十月二十八日を経て）十一月二十五日に無事に終わった。毎月の講座日（土曜日の十九時三十分から二十一時までの時間帯）に参加してくださった多くの方々の、ウイグルへの関心と優しさに、そして正義感に感動を覚えた。参加してくださった皆様に感謝を申し上げると共に、講座の機会を与えてくれた日本ウイグル協会と、毎回の講座の企画と運営に裏方として貢献し、ネットトラブルにも対応し、司会まで務めてくれた日本ウイグル協会の青年たちに感謝する。

講座を聞いてブックレットとしてまとめて出版してくださるという明成社の坂元陽子さんの申し出が、私及び講座を企画した日本ウイグル協会の青年たちの、大きな喜びに繋がり励みになった。坂元陽子さんは、毎回のウェブ講座を文字起こしから文章の作りまで丁寧にまとめてくれた。心から感謝を申し上げる。

タイトルに付けられた『あなたは東トルキスタンを知っていますか?　日本はウイグルジェノサイドにどう向き合うべきか』が、日本社会に大きな「?」を投げかけ、独立国家と主権を「平和」という名の嘘の「話し合い」の元で失ったウイグル人の現実と悲劇が、日本の皆さまに、主権国家の国民として生まれてくることの意味について考えるきっかけになればと願う。また「経済利益・友好」などの陰で人間の尊厳と人権が、踏み躙《にじ》られていることが認識されるよう切実に願う。

ウイグルの悲劇を繰り返さない世界を実現する為に、「地獄の炎」を消す為に、口で水を運ぶ正義の燕たちが多くなることを願っている。強制収容所が閉鎖され、ウイグルジェノサイドが止む日が、一日も早く来ることを願っている。

最後に、先祖たちが守って残してくれた大切なものを焼き滅ぼす「地獄の炎」が、「暖かさと明かり」に見えてはならないと、悟られることを願っている。

二〇二三年十二月十一日

ムカイダイス

著者略歴

ムカイダイス　Nur Muqeddes

ウルムチ出身の在日ウイグル人。千葉大学非常勤講師。上海華東師範大学ロシア語学科卒。神奈川大学歴史民俗資料学研究科博士課程修了。世界文学会会員。

元放送大学面接授業講師、元東京外国語大学オープンアカデミーウイグル語講師。Ismail Gasprinski 賞受賞者。

著書に『在日ウイグル人が明かすウイグル・ジェノサイド　東トルキスタンの真実』『ウイグルを支配する新疆生産建設兵団　東トルキスタン秘史』（ハート出版）、河合眞との共編訳に『ああ、ウイグルの大地』『ウイグルの詩人　アフメットジャン・オスマン選詩集』『ウイグル新鋭詩人選詩集』（以上、左右社）『聖なる儀式―タヒル・ハムット・イズギル詩集』（鉱脈社）、河合直美との共編訳に『ウイグルの民話　動物譚』（鉱脈社）がある。

『万葉集』『百人一首』、関岡英之／著『旧帝国陸軍知られざる地政学戦略　見果てぬ防共回廊』（祥伝社）のウイグル語訳のほか、ウイグル語のネット雑誌『探検』にて、詩や随筆を発表している。




あなたは東《ひがし》トルキスタンを知《し》っていますか？

日本《にほん》はウイグルジェノサイドにどう向《む》き合《あ》うべきか

令和六年一月二十八日　初版第一刷発行

著　者　ムカイダイス
発行者　田尾憲男
発　行　株式会社明成社
〒一五〇―〇〇三一
東京都渋谷区桜丘町二十三番十七号
シティコート桜丘四〇八
電　話　〇三(六四一六)四七七二
ＦＡＸ　〇三(六四一六)四七七八
https://meiseisha.com

印刷所　モリモト印刷株式会社
乱丁・落丁は送料当方負担にてお取り替え致します。
ただし古書店で購入したものはお取り替えできません。




ISBN978-4-905410-74-4 C0031